PRENTICE HALL

Explorador de Ciencias

Astronomía

PRENTICE HALL
Needham, Massachusetts
Upper Saddle River, New Jersey

Astronomía

Recursos del programa

Student Edition
Annotated Teacher's Edition
Teaching Resources Book with Color Transparencies
Astronomy Materials Kits

Componentes del programa

Integrated Science Laboratory Manual
Integrated Science Laboratory Manual, Teacher's Edition
Inquiry Skills Activity Book
Student-Centered Science Activity Books
Program Planning Guide
Guided Reading English Audiotapes
Guided Reading Spanish Audiotapes and Summaries
Product Testing Activities by Consumer Reports™
Event-Based Science Series (NSF funded)
Prentice Hall Interdisciplinary Explorations
Cobblestone, Odyssey, Calliope, and *Faces* Magazines

Medios/Tecnología

Science Explorer Interactive Student Tutorial CD-ROMs
Odyssey of Discovery CD-ROMs
Resource Pro® (Teaching Resources on CD-ROM)
Assessment Resources CD-ROM with Dial-A-Test®
Internet site at www.science-explorer.phschool.com
Life, Earth, and Physical Science Videodiscs
Life, Earth, and Physical Science Videotapes

Explorador de ciencias Libros del estudiante

Créditos

El personal que conforma el equipo *Explorador de ciencias*: representantes editoriales, editores, diseñadores, representantes de mercadeo, investigadores, encargados de servicios en línea/multimedia, representantes de ventas y publicadores, se lista a continuación. Los nombres en negritas indican los encargados en sección.

Kristen E. Ball, **Barbara A. Bertell,** Peter W. Brooks, **Christopher R. Brown, Greg Cantone,** Jonathan Cheney, **Patrick Finbarr Connolly,** Loree Franz, Donald P. Gagnon, Jr., **Paul J. Gagnon, Joel Gendler,** Elizabeth Good, Kerri Hoar, **Linda D. Johnson,** Katherine M. Kotik, Russ Lappa, Marilyn Leitao, David Lippman, **Eve Melnechuk, Natania Mlawer,** Paul W. Murphy, **Cindy A. Noftle,** Julia F. Osborne, Caroline M. Power, Suzanne J. Schineller, **Susan W. Tafler,** Kira Thaler-Marbit, Robin L. Santel, Ronald Schachter, **Mark Tricca,** Diane Walsh, Pearl B. Weinstein, Beth Norman Winickoff

Activity on page 37 is from *Exploring Planets in the Classroom,* ©Hawaii Space Grant Consortium. Used with permission.

ISBN 0-13-436589-5
1 2 3 4 5 6 7 8 9 10   05 04 03 02 01 00 99

Portada: Esta foto de Saturno y tres de sus lunas es un montaje de imágenes tomadas por el *Voyager 1* de la NASA.

Autores del programa

Michael J. Padilla, Ph.D.
Professor
Department of Science Education
University of Georgia
Athens, Georgia

Michael Padilla es líder en la enseñanza de Ciencias en secundaria. Ha trabajado como editor y funcionario de la Asociación Nacional de Profesores de Ciencias. Ha sido miembro investigador en diversas premiaciones de la Fundación Nacional de Ciencias y la Fundación Eisenhower, además de participar en la redacción de los Estándares Nacionales de Enseñaza de Ciencias.

En *Explorador de ciencias*, Mike coordina un equipo de desarrollo de programas de enseñanza que promueven la participación de estudiantes y profesores en el campo de las ciencias con base en los Estándares Nacionales de la Enseñaza de Ciencias.

Ioannis Miaoulis, Ph.D.
Dean of Engineering
College of Engineering
Tufts University
Medford, Massachusetts

Martha Cyr, Ph.D.
Director, Engineering
    Educational Outreach
College of Engineering
Tufts University
Medford, Massachusetts

Explorador de ciencias es un proyecto creado con la colaboración del Colegio de Ingeniería de la Universidad Tufts. Dicha institución cuenta con un extenso programa de investigación sobre ingeniería que fomenta la participación de estudiantes y profesores en las áreas de ciencia y tecnología.

Además de participar en la creación del proyecto *Explorador de ciencias*, la facultad de la Universidad Tufts también colaboró en la revisión del contenido de los libros del estudiante y la coordinación de las pruebas de campo.

PROYECTO DEL CAPÍTULO

Autor

Jay M. Pasachoff, Ph.D.
Professor of Astronomy
Williams College
Williamstown, Massachusetts

Colaboradores

W. Russell Blake, Ph.D.
Planetarium Director
Plymouth Community Intermediate School
Plymouth, Massachusetts

Thomas R. Wellnitz
Science Teacher
The Paideia School
Atlanta, Georgia

Asesor de lecturas

Bonnie B. Armbruster, Ph.D.
Department of Curriculum
    and Instruction
University of Illinois
Champaign, Illinois

Asesor interdisciplinario

Heidi Hayes Jacobs, Ed.D.
Teacher's College
Columbia University
New York, New York

Asesores de seguridad

W. H. Breazeale, Ph.D.
Department of Chemistry
College of Charleston
Charleston, South Carolina

Ruth Hathaway, Ph.D.
Hathaway Consulting
Cape Girardeau, Missouri

Revisores del programa de la Universidad Tufts

Behrouz Abedian, Ph.D.
Department of Mechanical
    Engineering

Wayne Chudyk, Ph.D.
Department of Civil and
    Environmental Engineering

Eliana De Bernardez-Clark, Ph.D.
Department of Chemical Engineering

Anne Marie Desmarais, Ph.D.
Department of Civil and
    Environmental Engineering

David L. Kaplan, Ph.D.
Department of Chemical Engineering

Paul Kelley, Ph.D.
Department of Electro-Optics

George S. Mumford, Ph.D.
Professor of Astronomy, Emeritus

Jan A. Pechenik, Ph.D.
Department of Biology

Livia Racz, Ph.D.
Department of Mechanical Engineering

Robert Rifkin, M.D.
School of Medicine

Jack Ridge, Ph.D.
Department of Geology

Chris Swan, Ph.D.
Department of Civil and
    Environmental Engineering

Peter Y. Wong, Ph.D.
Department of Mechanical Engineering

Revisores del contenido

Jack W. Beal, Ph.D.
Department of Physics
Fairfield University
Fairfield, Connecticut

W. Russell Blake, Ph.D.
Planetarium Director
Plymouth Community
    Intermediate School
Plymouth, Massachusetts

Howard E. Buhse, Jr., Ph.D.
Department of Biological Sciences
University of Illinois
Chicago, Illinois

Dawn Smith Burgess, Ph.D.
Department of Geophysics
Stanford University
Stanford, California

A. Malcolm Campbell, Ph.D.
Assistant Professor
Davidson College
Davidson, North Carolina

Elizabeth A. De Stasio, Ph.D.
Associate Professor of Biology
Lawrence University
Appleton, Wisconsin

John M. Fowler, Ph.D.
Former Director of Special Projects National
Science Teacher's Association
Arlington, Virginia

Jonathan Gitlin, M.D.
School of Medicine
Washington University
St. Louis, Missouri

Dawn Graff-Haight, Ph.D., CHES
Department of Health, Human
    Performance, and Athletics
Linfield College
McMinnville, Oregon

Deborah L. Gumucio, Ph.D.
Associate Professor
Department of Anatomy and Cell Biology
University of Michigan
Ann Arbor, Michigan

William S. Harwood, Ph.D.
Dean of University Division and Associate
    Professor of Education
Indiana University
Bloomington, Indiana

Cyndy Henzel, Ph.D.
Department of Geography
    and Regional Development
University of Arizona
Tucson, Arizona

Greg Hutton
Science and Health
    Curriculum Coordinator
School Board of Sarasota County
Sarasota, Florida

Susan K. Jacobson, Ph.D.
Department of Wildlife Ecology
    and Conservation
University of Florida
Gainesville, Florida

Judy Jernstedt, Ph.D.
Department of Agronomy and Range Science
University of California, Davis
Davis, California

John L. Kermond, Ph.D.
Office of Global Programs
National Oceanographic and
    Atmospheric Administration
Silver Spring, Maryland

David E. LaHart, Ph.D.
Institute of Science and Public Affairs
Florida State University
Tallahassee, Florida

Joe Leverich, Ph.D.
Department of Biology
St. Louis University
St. Louis, Missouri

Dennis K. Lieu, Ph.D.
Department of Mechanical Engineering
University of California
Berkeley, California

Cynthia J. Moore, Ph.D.
Science Outreach Coordinator
Washington University
St. Louis, Missouri

Joseph M. Moran, Ph.D.
Department of Earth Science
University of Wisconsin–Green Bay
Green Bay, Wisconsin

Joseph Stukey, Ph.D.
Department of Biology
Hope College
Holland, Michigan

Seetha Subramanian
Lexington Community College
University of Kentucky
Lexington, Kentucky

Carl L. Thurman, Ph.D.
Department of Biology
University of Northern Iowa
Cedar Falls, Iowa

Edward D. Walton, Ph.D.
Department of Chemistry
California State Polytechnic University
Pomona, California

Robert S. Young, Ph.D.
Department of Geosciences and
    Natural Resource Management
Western Carolina University
Cullowhee, North Carolina

Edward J. Zalisko, Ph.D.
Department of Biology
Blackburn College
Carlinville, Illinois

Revisores de pedagogía

Stephanie Anderson
Sierra Vista Junior
High School
Canyon Country, California

John W. Anson
Mesa Intermediate School
Palmdale, California

Pamela Arline
Lake Taylor Middle School
Norfolk, Virginia

Lynn Beason
College Station Jr. High School
College Station, Texas

Richard Bothmer
Hollis School District
Hollis, New Hampshire

Jeffrey C. Callister
Newburgh Free Academy
Newburgh, New York

Judy D'Albert
Harvard Day School
Corona Del Mar, California

Betty Scott Dean
Guilford County Schools
McLeansville, North Carolina

Sarah C. Duff
Baltimore City Public Schools
Baltimore, Maryland

Melody Law Ewey
Holmes Junior High School
Davis, California

Sherry L. Fisher
Lake Zurich Middle
School North
Lake Zurich, Illinois

Melissa Gibbons
Fort Worth ISD
Fort Worth, Texas

Debra J. Goodding
Kraemer Middle School
Placentia, California

Jack Grande
Weber Middle School
Port Washington, New York

Steve Hills
Riverside Middle School
Grand Rapids, Michigan

Carol Ann Lionello
Kraemer Middle School
Placentia, California

Jaime A. Morales
Henry T. Gage Middle School
Huntington Park, California

Patsy Partin
Cameron Middle School
Nashville, Tennessee

Deedra H. Robinson
Newport News Public Schools
Newport News, Virginia

Bonnie Scott
Clack Middle School
Abilene, Texas

Charles M. Sears
Belzer Middle School
Indianapolis, Indiana

Barbara M. Strange
Ferndale Middle School
High Point, North Carolina

Jackie Louise Ulfig
Ford Middle School
Allen, Texas

Kathy Usina
Belzer Middle School
Indianapolis, Indiana

Heidi M. von Oetinger
L'Anse Creuse Public School
Harrison Township, Michigan

Pam Watson
Hill Country Middle School
Austin, Texas

Revisores de actividades de campo

Nicki Bibbo
Russell Street School
Littleton, Massachusetts

Connie Boone
Fletcher Middle School
Jacksonville Beach, Florida

Rose-Marie Botting
Broward County
School District
Fort Lauderdale, Florida

Colleen Campos
Laredo Middle School
Aurora, Colorado

Elizabeth Chait
W. L. Chenery Middle School
Belmont, Massachusetts

Holly Estes
Hale Middle School
Stow, Massachusetts

Laura Hapgood
Plymouth Community
Intermediate School
Plymouth, Massachusetts

Sandra M. Harris
Winman Junior High School
Warwick, Rhode Island

Jason Ho
Walter Reed Middle School
Los Angeles, California

Joanne Jackson
Winman Junior High School
Warwick, Rhode Island

Mary F. Lavin
Plymouth Community
Intermediate School
Plymouth, Massachusetts

James MacNeil, Ph.D.
Concord Public Schools
Concord, Massachusetts

Lauren Magruder
St. Michael's Country
Day School
Newport, Rhode Island

Jeanne Maurand
Glen Urquhart School
Beverly Farms, Massachusetts

Warren Phillips
Plymouth Community
Intermediate School
Plymouth, Massachusetts

Carol Pirtle
Hale Middle School
Stow, Massachusetts

Kathleen M. Poe
Kirby-Smith Middle School
Jacksonville, Florida

Cynthia B. Pope
Ruffner Middle School
Norfolk, Virginia

Anne Scammell
Geneva Middle School
Geneva, New York

Karen Riley Sievers
Callanan Middle School
Des Moines, Iowa

David M. Smith
Howard A. Eyer Middle School
Macungie, Pennsylvania

Derek Strohschneider
Plymouth Community
Intermediate School
Plymouth, Massachusetts

Sallie Teames
Rosemont Middle School
Fort Worth, Texas

Gene Vitale
Parkland Middle School
McHenry, Illinois

Zenovia Young
Meyer Levin Junior
High School (IS 285)
Brooklyn, New York

Contenido

Astronomía

Actividades

En busca de la casa de los COMETAS

Es un largo camino desde la oficina de la astrónoma Jane Luu en los Países Bajos a la cima de la montaña en Hawai, donde estudia el cielo. Pero los astrónomos necesitan cielos oscuros, lejos de las luces de la ciudad. También necesitan aire muy limpio para observar en las profundidades del sistema solar. Esa es la razón por la que Jane Luu viaja siempre hacia el observatorio en las altas montañas de Hawai. Jane Luu ha viajado grandes distancias antes. Nacida en Vietnam, a los 12 años vino a Estados Unidos.

"Cuando era niña en Vietnam —dice—, nunca tuve una sola lección de ciencias. Sin embargo, después de estudiar física en el colegio obtuve un empleo en los Laboratorios de Propulsión a Chorro (*Jet Propulsion Laboratory*), lugar donde se rastrean las misiones espaciales no dirigidas por el hombre. Era un trabajo de vacaciones, cosa de poca importancia. Pero cuando vi las fotografías tomadas por el *Voyager I* y el *Voyager II* a mediados de los 80, pensé que eran espectaculares. Las fotos de los planetas hicieron que me graduara en astronomía planetaria".

Objeto en el Cinturón Kuiper

La Dra. Jane Luu
llegó de Vietnam a Estados Unidos cuando era muy joven. Estudió física en la Universidad de Stanford, California, y astronomía en el Instituto Tecnológico de Massachusetts. Actualmente trabaja en la Universidad Leiden, en los Países Bajos.

CONVERSACIÓN CON LA DRA. JANE LUU

Lo que Jane Luu observa actualmente se encuentra más allá de los planetas más lejanos del sistema solar. Es un anillo formado por miles de trozos de hielo que giran alrededor del Sol. Luu y su colega David Jewitt descubrieron esos objetos en 1992. Plutón, el planeta rocoso, es el objeto más grande de este anillo llamado Cinturón Kuiper. Plutón viaja a través del espacio con otros 30,000 objetos a los que Luu y Jewitt llamaron "Plutinos" (pequeños plutones). Estos objetos en ocasiones escapan del cinturón y se aproximan al Sol. El calor del Sol los enciende y los convierte en cometas.

P *¿Qué los hizo iniciar la búsqueda del Cinturón Kuiper?*

R Hubo dos razones. Queríamos saber si había algo más allá de Neptuno, además de Plutón. ¿Por qué tendría que haber espacio vacío cuando había tantos planetas y cuerpos pequeños cerca del Sol? Los científicos habían anticipado que podría haber un grupo de planetas no muy lejos de Neptuno, pero nadie había visto uno. Además, había otras personas que buscaban lo mismo, así que fue como una competición. Estamos contentos de haberla ganado.

P *¿Dónde comenzaron la búsqueda?*

R La mayoría de los objetos del sistema solar se encuentran en un disco aplanado, donde están el Sol y los planetas. Por lo que uno empezaría la búsqueda ahí. Luego, uno vería el lado opuesto al Sol. También observaría en una época del año en que la Vía Láctea, nuestra galaxia, no estuviese en la parte del cielo que se estuviera explorando.

Estas imágenes coloreadas de Júpiter (arriba), Saturno (derecha) y Neptuno (abajo) fueron tomadas desde la sonda espacial *Voyager*.

La luz de esas estrellas harían difícil la observación.

P *Una vez que supieron dónde buscar, ¿qué hicieron?*

R Tomamos fotografías. Comenzamos en 1987 y en 1992, cinco años después, vimos el primer objeto. Al principio no teníamos una computadora en el telescopio lo suficientemente rápida para analizar las fotografías, así que tomamos tres fotografías y nos las llevamos a casa para analizarlas. Tomábamos fotografías de la misma parte del cielo, digamos cada media hora. Luego, mirábamos en busca de algún punto de luz que se hubiera

Estos observatorios se localizan en lo alto del Mauna Kea, un volcán inactivo en Hawai.

movido entre las tres fotografías. Si se mueve, sabemos que está cerca, en nuestro sistema solar, y no en una estrella distante. Desde nuestro primer descubrimiento en 1992, los científicos han encontrado cerca de 60 objetos en el Cinturón Kuiper. David y yo hemos encontrado las dos terceras partes de ellos.

El Cinturón Kuiper se sitúa detrás de la parte donde los planetas se mueven alrededor del Sol. Los objetos en el Cinturón Kuiper giran alejados de la Tierra y del Sol. La órbita de Plutón está en un plano diferente del de otros planetas.

P *¿Permanecen despiertos toda la noche?*

R Sí. El tiempo del telescopio es valiosísimo, por lo que uno no quiere desperdiciar un minuto. Nosotros observamos por una semana más o menos, permaneciendo en la línea unas 5 o 6 noches. Es pesado trabajar cambiando la rutina diurna a nocturna. En Hawai, observamos desde lo alto del volcán Mauna Kea a 14, 000 pies. Por eso debemos agregar al principio una

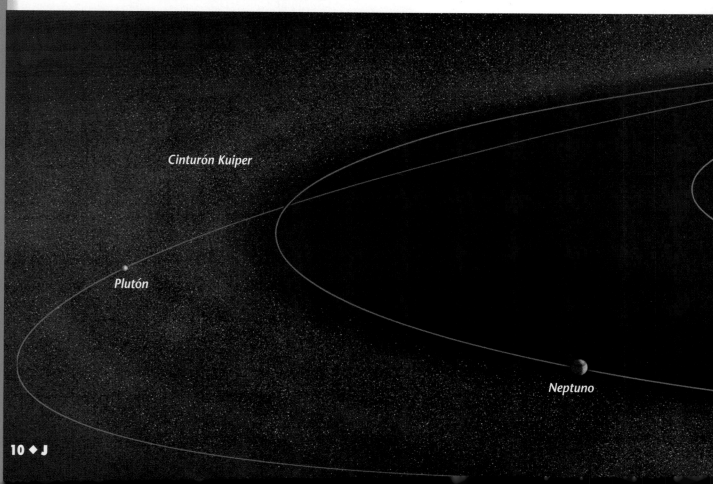

Cinturón Kuiper

Plutón

Neptuno

noche extra, para poder aprovechar el aire tenue y la altitud.

P *Cinco años es mucho tiempo para un descubrimiento. ¿No llegaron a desanimarse?*

R Nos dijimos que si después de haber cubierto cierta parte del cielo no encontrábamos algo, no seguiríamos. Y estuvimos muy cerca de ese límite. Sin embargo las nuevas cámaras tomaron partes más grandes del cielo. Esas cámaras nos ayudaron en un mes lo que las otras hicieron en dos años. Podíamos ver algo y saber en dónde buscarlo directamente la noche siguiente.

He tenido la suerte de participar en descubrimientos. Hay mucha satisfacción cuando resuelves un acertijo, cuando encuentras algo que nadie conocía antes. Y es una verdadera alegría cuando, después de un poco de trabajo duro, finalmente encuentras lo que andabas buscando.

En tu diario

Jane Luu describe su trabajo noche tras noche luego de cinco años, observando y anotando datos de cada parte del cielo nocturno. "Fue tan absorbente, que no sabíamos si algo iba o venía." Por fortuna, al final fue recompensada. ¿De qué manera la persistencia de Jane Luu, así como su destreza, energía y su razonamiento paso por paso la llevaron al éxito?

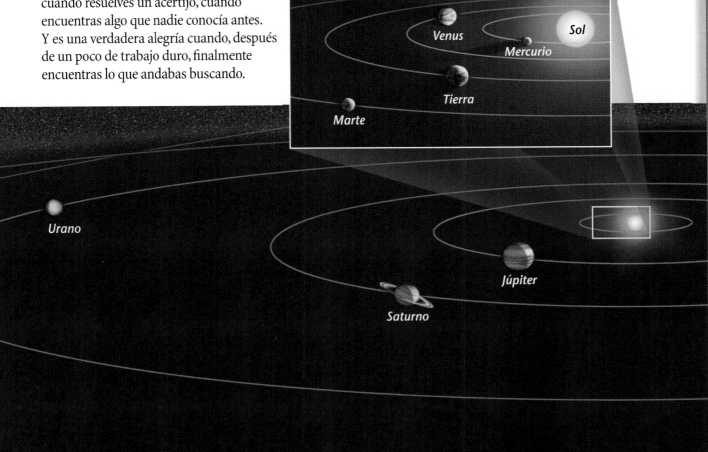

La Tierra, la Luna y el Sol

 LO QUE ENCONTRARÁS

¿Dónde está la Luna?

¡Qué espectáculo! Tendrías que estar en órbita en torno a la Luna para ver esta clase de salida de Tierra, pero no necesitas viajar para ver desde la Tierra cómo sale la Luna. Todo lo que debes hacer es mirar en la dirección correcta, en el momento adecuado ¡y verás salir la Luna enfrente de ti!

En este capítulo, explorarás las relaciones entre la Tierra, la Luna y el Sol. En tu proyecto, observarás la posición de la Luna en el cielo cada día. Estas observaciones te mostrarán la posición cambiante de la Tierra y la Luna con respecto una de la otra y del Sol.

Tu objetivo Observar la forma de la Luna y su posición en el cielo todos los días a lo largo del mes.

Para completar el proyecto tendrás que:
◆ observar y anotar cada día el punto cardinal por donde ves la Luna y su altura en el horizonte
◆ usar tus observaciones para explicar las fases de la Luna
◆ desarrollar reglas que puedas usar para predecir dónde y cuándo se puede ver la Luna en cualquier día del mes.

Para empezar Empieza preparando un diario de observaciones. Querrás anotar la fecha y hora de cada observación, la dirección y altura de la Luna, un dibujo de su forma, así como notas sobre la cubierta de nubes y otras circunstancias. También vas a anotar la hora de la salida de la Luna cada día.

Comprueba tu aprendizaje Trabajarás en este proyecto mientras estudias el capítulo. Para vigilar cómo avanza el proyecto, busca los recuadros Comprueba tu aprendizaje en los puntos siguientes.

Repaso de la Sección 1, página 21: Haz un mapa que te ayude a determinar la dirección de la Luna.
Repaso de la Sección 2, página 34: Observa la Luna todos los días.
Repaso de la Sección 4, página 44: Busca los patrones en tus observaciones.

Para terminar Al final del capítulo (página 47), presentarás tus observaciones de la Luna usando textos, dibujos y gráficas.

Esta asombrosa salida de Tierra en el horizonte lunar fue vista por el astronauta Michael Collins desde el orbitador *Columbia* de la nave *Apolo 11*.

SECCIÓN

4 La Luna de la Tierra

Descubre ¿Por qué los cráteres son diferentes?
Mejora tus destrezas Calcular

SECCIÓN **1** La Tierra en el espacio

DESCUBRE • ACTIVIDAD • • •

¿Por qué la Tierra tiene día y noche?

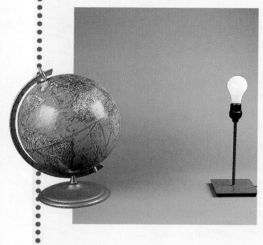

1. Pon una lámpara con el foco sin tapar en medio de una mesa para representar al Sol. Pon un globo en un extremo de la mesa a más o menos un metro de distancia para que represente la Tierra.

2. Prende la lámpara y oscurece el cuarto. ¿En qué partes del globo brilla la luz? ¿Qué partes quedan en la sombra?

3. Encuentra tu localidad en el globo. Dale una vuelta al globo en aproximadamente 5 segundos. Fíjate cuándo hay luz de día en tu localidad y cuándo oscuridad de noche.

Reflexiona sobre

Hacer modelos ¿Cómo es que una vuelta completa del globo representa un día? En este modelo, ¿cuántos segundos dura? ¿Cómo usarías el modelo para representar un año?

GUÍA DE LECTURA

◆ **¿Cuál es la causa del día y la noche?**

◆ **¿Cuál es la causa del ciclo de las estaciones?**

Sugerencia de lectura **Antes de leer, ve las figuras y recuadros de esta sección. Haz una lista de términos que no conozcas. Escribe sus definiciones conforme leas sobre ellos.**

Los antiguos campesinos egipcios esperaban ansiosos la inundación del río Nilo en primavera. Por miles de años, la siembra estuvo regida por ella. Tan pronto como se retiraban las aguas desbordadas, los campesinos debían estar listos para arar y sembrar sus campos junto a las riberas del río. A causa de esto, los egipcios deseaban predecir cuándo ocurriría la inundación. Hacia el 3000 a.C., la gente advirtió que cada año la brillante estrella Sirio aparecía en el cielo del amanecer poco antes de empezar la inundación. Los egipcios usaron este conocimiento para predecir la inundación anual.

Campesinos egipcios ▶

Rotación

N

Eje

S

Tierra

Traslación

Sol

Tierra

Figura 1 La Tierra rota sobre su eje y gira alrededor del Sol.
Aplicar los conceptos ¿Cómo se le llama a una rotación completa? ¿Cómo se le llama a una traslación completa?

Días y años

El antiguo pueblo de Egipto fue uno de los primeros que estudió las estrellas. El estudio de la Luna, las estrellas y otros objetos en el espacio se llama **astronomía.**

Los antiguos astrónomos también estudiaban los movimientos del Sol y la Luna en su viaje por el cielo. Parecía como si la Tierra estuviera inmóvil y el Sol y la Luna fueran moviéndose. En realidad, el Sol y la Luna parecen moverse principalmente porque la Tierra rota sobre su eje.

Rotación La línea imaginaria que pasa a través del centro de la Tierra por los polos Norte y Sur se llama **eje** terrestre. El extremo norte del eje apunta hacia un punto en el espacio cerca de la estrella Polar. Al giro sobre su eje de la Tierra se le llama **rotación.** Un sitio en el ecuador gira aproximadamente a 1,600 kilómetros por hora. ¡Ni los jets de pasajeros pueden volar tan rápido!

La rotación de la Tierra sobre su eje es la causa del día y la noche. Como la Tierra rota hacia el este, el Sol parece recorrer el cielo hacia el oeste. Es de día en el lado de la Tierra que mira al Sol. Conforme la Tierra va rotando hacia el este, el Sol parece ponerse en el oeste. La luz solar no puede llegar al lado opuesto de la Tierra, por eso ahí es de noche. La Tierra tarda casi 24 horas para dar una vuelta sobre su eje. Como sabes, cada ciclo de 24 horas, con un día y una noche, se llama día.

Traslación Además de rotar sobre su eje, la Tierra gira alrededor del Sol. El movimiento de un objeto en torno a otro se llama **traslación.** Una traslación completa alrededor del Sol se llama año. El camino de la Tierra al ir girando alrededor del Sol se llama **órbita.** Al viajar la Tierra alrededor del Sol, su órbita no es totalmente circular. Es un círculo ligeramente achatado o un óvalo.

☑ *Punto clave* ¿Por qué el Sol y la Luna parecen moverse todos los días?

Calcular

ACTIVIDAD

La Tierra gira alrededor del Sol a una velocidad de 30 km/s. ¿Qué distancia, en kilómetros, recorre la Tierra en un minuto? ¿Y en una hora? ó ¿En un día? ¿En un año?

Calendarios Los astrónomos egipcios contaban el número de días entre cada aparición de la estrella Sirio. De este modo, sabían que había aproximadamente 365 días en el año. Al dividir el año en 365 días, los antiguos egipcios crearon uno de los primeros calendarios.

Muchas culturas diferentes han luchado para lograr calendarios funcionales. La órbita terrestre tiene una duración de poco más de 365 días —en realidad 365.25 días. Cuatro años de poco más de 365 días pueden calcularse tomando tres años de 365 días y uno de 366 días. El cuarto año se conoce como "año bisiesto". En un año bisiesto, se añade un día extra a febrero, dándole 29 en lugar de los 28 días normales.

CIENCIAS e Historia

Seguir el ciclo del año

Durante miles de años, la gente solía observar el cielo para llevar la cuenta del año.

1500 A.C.
Las Islas Británicas

Los antiguos construyeron Stonehenge, monumento de piedras gigantescas que marca la dirección por donde el Sol sale y por donde se pone en el día más largo del año.

1500 A.C.	900 A.C.	300 A.C.

1300 A.C.
China

Bajo la dinastía Shang, los astrónomos chinos hicieron detalladas observaciones del Sol, los planetas y otros astros visibles en el cielo nocturno. Calcularon que la duración del año era de 365.25 días.

300 A.C.
Egipto

Los astrónomos de Alejandría, Egipto, conocían el uso de instrumentos llamados astrolabios. Éstos se usaban para hallar las posiciones de estrellas y planetas.

Dividir el año en partes también fue difícil. Los antiguos usaban ciclos lunares como una especie de calendario. El periodo entre una luna llena y la siguiente es de casi 29 días. Un año de 12 "ciclos lunares" suma sólo 354 días. Los antiguos egipcios hicieron un calendario que tenía 12 meses de 30 días cada uno, pero añadían cinco días que no formaban parte de ningún mes. Los romanos tomaron este calendario y lo modificaron para crear el calendario que conocemos: 11 meses de 30 ó 31 días cada uno, más un mes (febrero) de 28 ó 29 días.

En tu diario

Investiga uno de los logros analizados en la línea del tiempo. Escribe un diálogo en el que figuren dos personas de la cultura que hizo ese descubrimiento u observación.

1450 D.C.
Wyoming

La Gran Rueda Mágica de Big Horn fue hecha por nativos americanos. Cada piedra está alineada con la salida y la puesta del Sol y otras estrellas brillantes. La salida de tres estrellas específicas indicaba cuándo era tiempo de emigrar al sur para invernar.

300 D.C.	900 D.C.	1500 D.C.

900 D.C.
México

Los mayas estudiaron los movimientos del Sol, la Luna y el planeta Venus. Tenían dos calendarios diferentes, uno de 365 días para uso diario, y otro de 260 días para uso religioso. Estos calendarios se combinaban en un ciclo de 52 años. Los mayas eran capaces de predecir eventos astronómicos.

Figura 2 Hace calor cerca del ecuador porque la luz solar pega directamente en la superficie de la Tierra y se dispersa menos. *Interpretar diagramas ¿Por qué hace más frío cerca de los polos?*

Luz solar más directa

Ecuador

Rayos solares

Herramientas MATEMÁTICAS

Ángulos

Un ángulo se forma cuando dos líneas se cortan en un punto. Los ángulos se miden en grados (símbolo °). Un círculo tiene 360 grados.

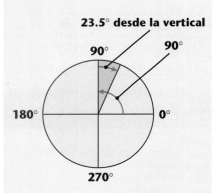

23.5° desde la vertical

90°   90°

180°   0°

270°

El eje de la Tierra está inclinado en un ángulo de 23.5° desde la vertical. Cuando el Sol está directamente arriba al mediodía, cerca del ecuador, su ángulo con respecto al horizonte mide 90°.

Las estaciones en la Tierra

Muchos lugares fuera de los trópicos tienen cuatro estaciones distintas: invierno, primavera, verano y otoño. Pero hay muchas diferencias de temperatura de un lugar a otro. Por ejemplo, hace más calor cerca del ecuador que de los polos. ¿Por qué es así?

Cómo llega la luz solar a la Tierra La Figura 2 muestra cómo la luz del Sol pega en la superficie terrestre. Nota que en el ecuador la luz solar pega directamente en la Tierra. Más cerca de los polos, la luz solar pega en ángulo en la superficie terrestre. Junto a los polos, la energía del Sol se dispersa sobre áreas mayores. Por eso hace más calor cerca del ecuador que de los polos.

El eje terrestre inclinado Si el eje de la Tierra estuviera derecho con respecto al Sol, como aparece en la Figura 2, la temperatura sería constante todo el año. No habría estaciones. **La Tierra tiene estaciones porque su eje va inclinado al girar alrededor del Sol.**

Mira la posición de la Tierra en el espacio en *Explorar las estaciones* en la página siguiente. Nota que el eje de la Tierra está inclinado en un ángulo de 23.5° desde la vertical. Conforme la Tierra gira en torno al Sol, su eje se aleja del Sol durante una parte del año y se acerca al Sol en la otra parte del año.

Cuando el extremo norte del eje terrestre apunta hacia el Sol, es verano en el hemisferio norte. Al mismo tiempo, el extremo sur del eje terrestre se aleja del Sol. Por tanto, es invierno en el hemisferio sur.

El verano y el invierno no son afectados por los cambios en la distancia entre la Tierra y el Sol. De hecho, cuando es verano en el hemisferio norte, en realidad la Tierra se encuentra a la mayor distancia del Sol.

EXPLORAR *las estaciones*

La inclinación del eje terrestre y el movimiento de traslación alrededor del Sol causan el ciclo anual de estaciones.

Finales de diciembre: Solsticio El extremo sur del eje terrestre apunta hacia el Sol. Es verano en el hemisferio sur e invierno en el hemisferio norte.

Equinoccio de marzo

Solsticio de junio

Solsticio de diciembre

Equinoccio de septiembre

Finales de junio: Solsticio El extremo norte del eje terrestre apunta hacia el Sol. Es verano en el hemisferio norte e invierno en el hemisferio sur.

Finales de marzo y septiembre: Equinoccios Ninguno de los extremos del eje terrestre apunta hacia el Sol. Ambos hemisferios reciben la misma cantidad de energía.

Solsticio de junio

Rayos solares

N

Ecuador

S

Apogeo del Sol a los 23.5° N

Equinoccios de marzo y septiembre

Rayos solares

N

Ecuador

S

Apogeo del Sol directo sobre el ecuador

Solsticio de diciembre

Rayos solares

N

Ecuador

S

Apogeo del Sol directo sobre los 23.5° S

La Tierra en junio En junio, el extremo norte del eje terrestre apunta hacia el Sol. El apogeo del Sol está exactamente sobre los 23.5° de latitud norte. La **latitud** es una medida de la distancia entre un lugar y el ecuador, expresada en grados norte o sur. (El ecuador tiene latitud 0° y el polo Norte tiene la latitud 90° norte.)

El hemisferio que está inclinado hacia el Sol también tiene más horas de luz de día que el hemisferio alejado del Sol. La combinación de rayos directos y más horas de luz solar calienta la superficie más que en ninguna otra época del año. Es el verano en el hemisferio norte.

Al mismo tiempo, en cualquier lugar al sur del ecuador, la energía solar se dispersa sobre una área más grande. También hay menos horas de luz de día. La combinación de rayos indirectos y menos horas de luz solar calienta menos la superficie terrestre que en cualquier otra época del año. Es el invierno en el hemisferio sur.

La Tierra en diciembre Mira de nuevo *Explorar las estaciones*. Cerca del 21 de diciembre, el apogeo del Sol está sobre los 23.5° de latitud sur. El hemisferio sur recibe más directo los rayos solares, porque ahí es verano. Los rayos de Sol en el hemisferio norte son indirectos y hay pocas horas de luz de día. Es invierno en el hemisferio sur.

En junio y en diciembre Dos días al año el apogeo del Sol está en los 23.5° sur y en los 23.5° norte. Cada uno de estos días es conocido como **solsticio**. El día cuando el apogeo del Sol está sobre los 23.5° sur, es el solsticio de invierno en el hemisferio norte. En el hemisferio sur, es el solsticio de verano. Este solsticio ocurre cada año el 21 de diciembre, y es el día más corto en el hemisferio norte. Al mismo tiempo, se da el día más largo en el hemisferio sur.

Figura 3 La primavera es la temporada entre el equinoccio vernal y el solsticio de verano. Las temperaturas cálidas de la primavera la hacen la mejor época para plantar flores como estos pensamientos.

Igualmente, alrededor del 21 de junio, el apogeo del Sol, está en los 23.5° norte. Es el solsticio de verano en el hemisferio norte y el de invierno en el hemisferio sur.

La Tierra en marzo y en septiembre

En medio de ambos solsticios, ninguno de los hemisferios se inclina hacia o lejos del Sol. Esta situación sólo ocurre dos días al año. En ellos, el apogeo del Sol está directamente sobre el ecuador.

A cada uno de estos días se le conoce como **equinoccio**, que significa "noche igual". Durante el equinoccio, el día y la noche son iguales de largos. El **equinoccio vernal**, o equinoccio de primavera, se produce alrededor del 21 de marzo y señala el inicio de la primavera en el hemisferio norte. El **equinoccio de otoño** se presenta alrededor del 23 de septiembre, y señala el inicio del otoño en el hemisferio norte.

INTEGRAR LAS CIENCIAS DE LA VIDA En parte de Estados Unidos los cambios de estación afectan a los seres vivos. En primavera y verano, el Sol brilla más horas y está más alto en el cielo. Los días cálidos permiten que las plantas desarrollen hojas y flores. Como las plantas crecen más, los animales que se alimentan de plantas obtienen más alimento.

En otoño, las noches son más largas, lo que indica que las plantas dejan de crecer y algunas pierden las hojas. Con menos alimento disponible, el oso negro y algunos otros animales entran en un estado de letargo durante el cual usan poca energía. Otros, como muchas aves cantoras y acuáticas, emigran a climas cálidos donde el alimento aún está disponible.

Figura 4 Este oso hambriento ha pasado el largo invierno en un estado de letargo dentro de una cueva en Alaska. *Aplicar los conceptos ¿Por qué este oso no permanece activo en todo el invierno?*

Repaso de la sección 1

1. Explica el proceso que causa el día y la noche.
2. ¿Cuáles son los dos factores que causan el ciclo de las estaciones?
3. Compara la rotación con la traslación.
4. ¿Qué significan las palabras *solsticio* y *equinoccio*? ¿Cómo se relacionan con la posición del eje terrestre?
5. **Razonamiento crítico** **Relacionar causa y efecto** ¿Hay cambios en la distancia entre la Tierra y el Sol que sean importantes para el ciclo de las estaciones? Explica tu respuesta.

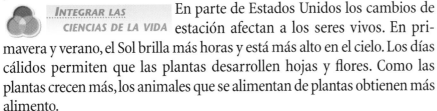

PROYECTO DEL CAPÍTULO 1

Comprueba tu aprendizaje

Empieza por anotar tus observaciones diarias de la Luna. Dibuja un mapa del lugar desde el cual estarás haciendo tus observaciones. ¿Hacia dónde queda el norte? ¿El este? ¿El sur? ¿El oeste? Cada noche, observa y anota la dirección de la Luna. También debes calcular la altitud de la Luna, o sea su altura en grados a partir del horizonte. Puedes hacer esto cerrando el puño y sosteniéndolo a la distancia de tu brazo. Un puño por arriba del horizonte indica 10°.

RAZONES DE LAS ESTACIONES

En este laboratorio, usaremos un modelo Tierra-Sol para hacer observaciones sobre los factores que contribuyen a que haya estaciones.

Problema

¿Qué efectos produce la inclinación del eje terrestre en el calor y la luz recibidos por la Tierra al girar alrededor del Sol?

Materiales (por pareja de estudiantes)

libros   linterna   papel
lápiz   transportador   palillo de dientes
hoja de acetato con una cuadrícula gruesa dibujada esfera de hule espuma con los polos y el ecuador trazados

Procedimiento

1. Haz una pila de libros de unos 15 cm de altura. Baja la intensidad de las luces del cuarto.
2. Pega la hoja de acetato sobre el foco de la linterna. Pon la linterna sobre la pila de libros.
3. Con cuidado, clava el lápiz en el polo Sur de la esfera que representa la Tierra.
4. Usa el transportador para medir una inclinación de 23.5° en el eje de la esfera con respecto a la "linterna solar", como se muestra en el primer diagrama. Esto representa el invierno.
5. Sujeta el lápiz de modo que la Tierra quede fija en ángulo de 23.5° y a unos 15 cm del foco de la linterna. Enciende la linterna.
6. Los cuadrados en el acetato se proyectarán en la Tierra. Acerca la esfera si es necesario, o baja más las luces del cuarto. Observa y anota la forma de los cuadrados en el ecuador y en los polos.
7. Con cuidado, clava derecho el palillo en la Tierra, a la mitad entre el ecuador y el polo Norte. Observa y anota el largo de su sombra.
8. Sin cambiar la inclinación, dale vuelta al lápiz para girar la Tierra sobre su eje. Observa y anota cómo cambia la sombra del palillo.
9. Inclina la Tierra 23.5° hacia la linterna, como muestra el segundo diagrama. Esto es el verano. Observa y anota la forma de los cuadrados en el ecuador y en los polos. Observa cómo cambia la sombra del palillo.
10. Haz girar la Tierra y nota el patrón de la sombra.

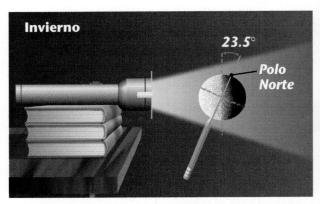

Invierno — 23.5° — Polo Norte

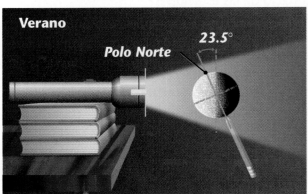

Verano — Polo Norte — 23.5°

Analizar y concluir

1. Cuando es invierno en el hemisferio norte, ¿qué áreas de la Tierra reciben una cantidad más concentrada de luz? ¿Qué áreas obtienen luz más concentrada cuando es verano en el hemisferio norte?

2. Compara tus observaciones sobre cómo la luz pega en la zona entre el ecuador y el hemisferio norte durante el invierno (Paso 6) y durante el verano (Paso 9).

3. Si los cuadrados proyectados en la esfera desde el acetato se volvieron más grandes, ¿qué conclusión puedes obtener sobre la cantidad de calor distribuida en cada cuadrado?

4. De acuerdo con tus observaciones, ¿qué áreas de la Tierra son siempre las más frías? ¿Cuáles son las que siempre están más calientes? ¿Por qué?

5. ¿En qué época del año la sombra del palillo es más larga? ¿Cuándo es más corta?

6. ¿Cómo son las cantidades de calor y luz recibidas en un cuadrado en relación con el ángulo de los rayos solares?

7. **Piensa en esto** ¿Cómo podrías usar tus observaciones del modelo de la Tierra y el Sol para explicar que causa las estaciones?

Explorar más

Tú puedes medir qué tan directamente la luz solar pega en la superficie terrestre haciendo un palo de sombra. Necesitas un palo o vara de 1 m de largo. Con la ayuda de tu maestro, entierra parte del palo en el suelo donde nadie lo mueva. Asegúrate de que el palo quede vertical. Al mediodía del primer día de cada mes, mide la longitud de la sombra del palo. Mientras más corta sea, más directamente están pegando los rayos solares en la Tierra. ¿En qué época del año son más largas las sombras? ¿Y más cortas? ¿Cómo ayuda tu observación a explicar las estaciones?

2 Fases, eclipses y mareas

DESCUBRE

ACTIVIDAD

¿Cómo se mueve la Luna?

1. Pon una moneda de 25 centavos sobre tu escritorio para que represente la Tierra. Usa una de un centavo para representar la Luna.

2. Una cara de la Luna siempre mira a la Tierra. Mueve la Luna para darle una vuelta completa a la Tierra, siempre con la cara de Lincoln mirando a la Tierra. ¿Cuántas veces completó la Luna una rotación completa?

Reflexiona sobre

Inferir Desde el punto de vista de una persona en la Tierra, ¿parece girar la Luna? Explica tu respuesta.

GUÍA DE LECTURA

◆ ¿Cuál es la causa de las fases lunares?

◆ ¿Cuál es la causa de los eclipses solares y lunares?

◆ ¿Qué causa las mareas?

Sugerencia de lectura Según vayas leyendo, escribe una oración que describa qué causa lo siguiente: fases, eclipses solares, eclipses lunares y mareas.

En el espacio, la Luna es el vecino más cercano de la Tierra (más cercano que ningún planeta). En efecto, la distancia promedio entre la Tierra y la Luna es de sólo unas 30 veces el diámetro de la Tierra. Aun así, está bastante lejos. En promedio, la Luna está a 384, 000 kilómetros de la Tierra. Si hubiera una carretera a la Luna y pudieras viajar a 100 kilómetros por hora, tardarías más de cinco meses en llegar allá.

La Luna se mueve en el espacio al igual que la Tierra. Como la Luna gira alrededor de la Tierra y ésta gira alrededor del Sol, cambian las posiciones relativas de la Luna, la Tierra y el Sol. **Las posiciones de la Luna, la Tierra y el Sol causan las fases de la Luna, los eclipses y las mareas.**

Movimientos de la Luna

La Luna gira alrededor de la Tierra y sobre su propio eje. La Luna tarda cerca de 27.3 días en girar alrededor de la Tierra. Al igual que la órbita terrestre en torno al Sol, la órbita lunar alrededor de la Tierra es un círculo achatado o un óvalo.

La Luna gira lentamente sobre su propio eje una vez cada 27.3 días. Como la Luna también da una vuelta alrededor de la Tierra en 27.3 días, un "día" y un "año" en la Luna duran lo mismo. Si realizaste la actividad Descubre, viste que la

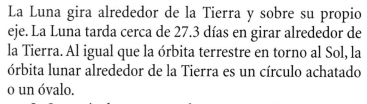

◀ **Luna creciente sobre Fire Island, New York**

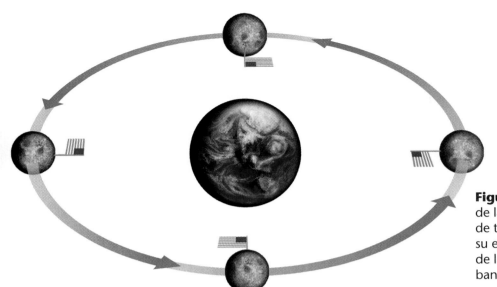

Figura 5 La Luna gira alrededor de la Tierra en la misma cantidad de tiempo que le lleva rotar sobre su eje. Por ello, el lado cercano de la Luna (mostrado con una bandera) siempre da hacia la Tierra.

misma cara de la Luna, la "cara cercana", siempre mira a la Tierra. La "cara alejada" de la Luna nunca mira a la Tierra, así que nunca la verás desde la Tierra.

☑ *Punto clave* *¿Cuántos días tarda la Luna en dar una vuelta alrededor de la Tierra?*

Fases de la Luna

En una noche despejada cuando hay luna llena, la brillante luz lunar puede desvelarte. Pero la Luna no produce la luz que ves. En vez de eso, refleja la luz del Sol. Imagínate que llevas una linterna a un cuarto oscuro. Si dirigieras la luz de la linterna hacia una silla, podrías ver la silla porque la luz de tu linterna rebotaría, o se reflejaría, en la silla. Del mismo modo que la silla no brilla por sí misma, tampoco la Luna emite luz por sí misma. Ves la Luna porque la luz solar se refleja en ella.

Cuando ves la Luna en el cielo, a veces aparece redonda. Otras veces ves sólo una delgada raja o media Luna. Las diferentes formas de la Luna que ves desde la Tierra se llaman **fases**. La Luna pasa por la totalidad de fases cada vez que gira alrededor de la Tierra, es decir, más o menos una vez al mes.

¿Qué causa las fases? Las fases son causadas por los cambios en las posiciones relativas de la Luna, la Tierra y el Sol. Como el Sol ilumina la Luna, la mitad de ésta casi siempre recibe luz solar. Sin embargo, puesto que la Luna gira alrededor de la Tierra, ves la Luna desde diferentes ángulos. La mitad de la Luna que mira a la Tierra no siempre es la mitad iluminada. **La fase lunar que ves depende de cuánto de la cara iluminada apunte hacia la Tierra.** Para entender las fases cambiantes, consulta *Explorar las fases de la Luna* en la página siguiente.

EXPLORAR las fases de la Luna

El diagrama en el centro muestra una vista de la Tierra y de las fases de la Luna. El Sol brilla a la derecha. Las fotos muestran las diferentes partes iluminadas de la Luna, como las ves mientras giran alrededor de la Tierra.

Primer cuarto
Ves la mitad de la Luna iluminada.

Cuarto creciente
Ves más y más de la parte iluminada. A esto se le llama cuarto creciente giboso.

Creciente giboso
La Luna pierde luminosidad. Esta fase se conoce como creciente giboso.

Primera semana

Segunda semana

Tercera semana

Cuarta semana

Luna nueva
El Sol ilumina la cara de la Luna que no se ve desde la Tierra. La cara que mira a la Tierra está a oscuras.

Luna llena
Ves totalmente la parte iluminada de la Luna.

Menguante giboso
Fracción de la parte iluminada de la Luna que cada día es más pequeña.

Tercer cuarto
Puedes ver la mitad del lado iluminado de la Luna.

Cuarto creciente
Vuelves a ver el creciente.

El ciclo de las fases En la luna nueva, la cara lunar que mira a la Tierra no está iluminada. Conforme la Luna gira en torno a la Tierra, cada día ves más y más de la cara iluminada, hasta que esa parte se ilumina por completo. Como la Luna sigue por su órbita, vas viendo menos y menos la cara iluminada de la Luna. Más o menos 29.5 días después de la última luna nueva el ciclo se completa, y otra vez verás la luna nueva.

☑ *Punto clave* *Si la Luna no emite luz, ¿cómo puedes verla?*

Eclipses

¿Qué pensarías si, una tarde soleada, fueras de tu casa a la escuela y el Sol empezara a desaparecer? ¿Te asustarías? En algunas ocasiones, la Luna bloquea la luz solar por completo. El cielo se pone oscuro como si fuera de noche aun en mitad de un día claro. El aire se enfría y el cielo adquiere un color extraño. Si no sabes qué está sucediendo, puedes asustarte muchísimo.

Por lo regular la Luna no pasa directo entre la Tierra y el Sol ni por detrás de la Tierra. Como muestra la Figura 6, la órbita lunar está ligeramente inclinada con respecto a la órbita terrestre alrededor del Sol. En consecuencia, en la mayoría de los meses la Luna gira alrededor de la Tierra sin entrar en la sombra terrestre y sin que la sombra lunar toque la Tierra.

Cuando la sombra lunar toca la Tierra o la sombra terrestre alcanza la Luna, ocurre un eclipse. Un **eclipse** se produce cuando un objeto en el espacio se interpone entre el Sol y un tercer objeto y arroja una sombra sobre ese objeto. Hay dos tipos de eclipses: el solar y el lunar. (Las palabras *solar* y *lunar* vienen de las palabras latinas que significan "Sol" y "Luna".)

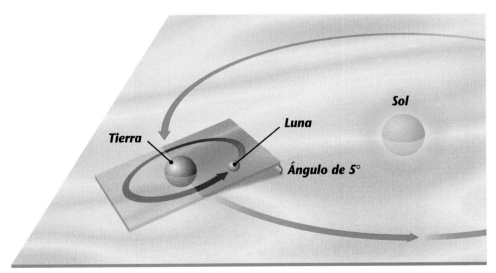

Figura 6 La órbita lunar está inclinada con respecto de la órbita terrestre. Así que raramente la Luna pasa directo entre la Tierra y el Sol. *Interpretar diagramas ¿Qué tan grande es el ángulo entre las órbitas terrestre y lunar?*

Tierra

Luna

Sol

Ángulo de 5°

Hacer modelos

ACTIVIDAD

He aquí cómo puedes dibujar un modelo a escala de un eclipse solar. El diámetro de la Luna es más o menos una cuarta parte del diámetro terrestre. La distancia de la Tierra a la Luna es 30 veces el diámetro terrestre. Haz un dibujo a escala de la Luna, de la Tierra y de la distancia entre ellas. (*Sugerencia:* Dibuja a la Tierra de 1 cm de diámetro en una esquina del papel.) Desde el borde de la Luna, dibuja y sombrea un triángulo que apenas toque la Tierra y representa la umbra de la luna durante un eclipse solar.

Eclipses solares

Durante la luna nueva, la Luna está casi exactamente entre la Tierra y el Sol. En la mayoría de los meses, como has visto, la Luna viaja un poco por encima o por debajo del Sol en el cielo. Un **eclipse solar** ocurre cuando la Luna pasa entre la Tierra y el Sol, impidiendo que la luz solar llegue a la Tierra. La sombra de la Luna toca la Tierra, como muestra la Figura 7. Así que un eclipse solar es en realidad una Luna nueva en la que ésta te impide ver al Sol.

Eclipses de Sol totales   La parte más oscura de la sombra lunar, la **umbra**, tiene forma de cono. En cualquier punto dentro de la umbra, la luz solar queda completamente bloqueada por la Luna. Ocurre que la umbra lunar es lo bastante larga como para que la punta del cono pueda llegar a una pequeña parte de la superficie terrestre. Sólo las personas dentro de la umbra experimentan un eclipse total de Sol. Durante éste, el cielo se oscurece. Puedes ver las estrellas y la corona solar, que es la tenue atmósfera del Sol.

Eclipses de Sol parciales   En la figura 7, puedes ver que la Luna proyecta otra sombra menos oscura que la umbra. En esta porción más grande de la sombra, llamada **penumbra**, parte del Sol es visible desde la Tierra. Durante un eclipse solar, las personas en la penumbra ven sólo un eclipse parcial. Como parte del Sol permanece visible, no es seguro mirar directamente al Sol durante un eclipse parcial (como tampoco mirarías directamente al Sol en cualquier otro momento).

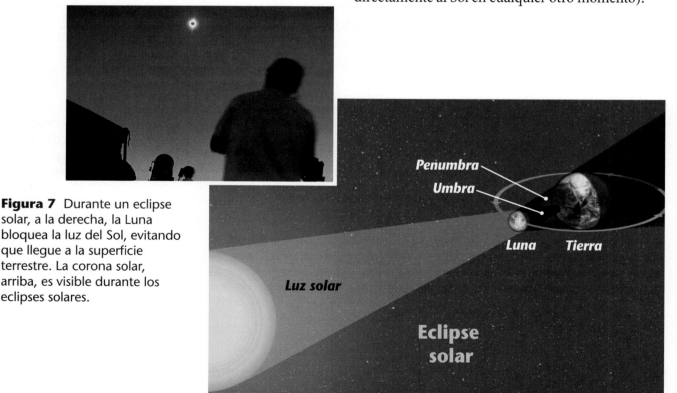

Figura 7 Durante un eclipse solar, a la derecha, la Luna bloquea la luz del Sol, evitando que llegue a la superficie terrestre. La corona solar, arriba, es visible durante los eclipses solares.

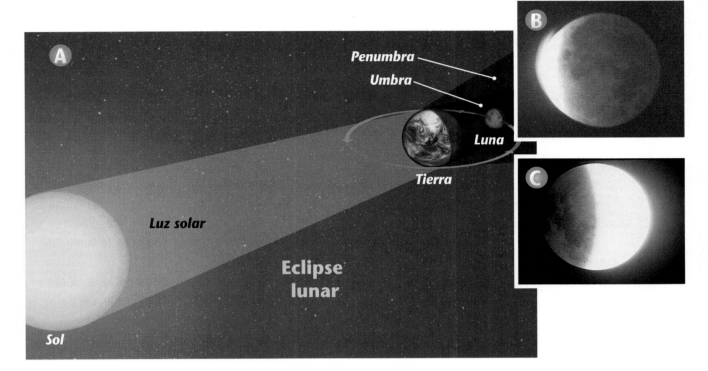

Penumbra

Umbra

Luna

Tierra

Luz solar

Eclipse
lunar

Sol

B

C

Eclipses lunares

Casi todos los meses, la Luna está cerca de la sombra de la Tierra pero no dentro de ella. Un **eclipse lunar** ocurre en luna llena cuando la Tierra está directamente entre el Sol y la Luna. En la Figura 8 se muestra un eclipse lunar. Durante éste, la Tierra impide que la luz solar alcance la Luna. La Luna queda entonces a la sombra de la Tierra y parece oscura. Los eclipses de Luna sólo se presentan en etapa de luna llena, cuando el satélite está más cerca de la sombra de la Tierra.

Eclipses de Luna totales Igual que la sombra de la Luna, la sombra de la Tierra tiene una umbra y una penumbra. Cuando la Luna está en la umbra terrestre, puedes ver un eclipse total de Luna. Puedes ver la sombra de la Tierra sobre la Luna antes y después de un eclipse total de Luna.

Al contrario del eclipse solar, un eclipse lunar se puede ver en cualquier punto de la Tierra donde la Luna sea visible. Por eso es más posible que veas un eclipse de Luna total que uno de Sol.

Eclipses de Luna parciales En la mayoría de los eclipses lunares, la Tierra, la Luna y el Sol no se alínean, lo cual produce un eclipse de Luna parcial. Un eclipse de Luna parcial ocurre cuando la luz pasa por la penumbra de la sombra de la Luna. La orilla de sombra parece difusa, y puedes verla atravesar la Luna por dos o tres horas.

☑ *Punto clave* ¿Por qué los eclipses lunares ocurren solo en la luna llena?

Figura 8 **A.** Durante un eclipse lunar, la Tierra bloquea la luz solar y evita que llegue a la superficie de la Luna. **B.** Esta foto de la Luna fue tomada durante un eclipse lunar total. **C.** Esta foto fue tomada durante un eclipse lunar parcial. *Interpretar diagramas ¿Cuál es la diferencia entre la umbra y la penumbra de la Tierra?*

Las fases de la Luna

En este laboratorio, usarás un modelo del sistema Tierra-Luna-Sol para explorar cómo ocurren las fases lunares.

Problema

¿Cuál es la causa de las fases lunares?

Materiales

lámpara de piso con bombilla de 150 vatios
cable de extensión
lápices
esfera de hule espuma

Procedimiento

1. Pon la lámpara en el centro del cuarto. Quítale la pantalla.
2. Cierra las puertas y persianas para oscurecer el cuarto y enciende la lámpara.
3. Con cuidado, clava la punta del lápiz en la esfera de hule espuma para usarlo como "mango".
4. Traza 8 círculos en una hoja de papel. Numéralos del 1 al 8.
5. Pide a tu compañero que sostenga la esfera a la distancia de su brazo, enfrente y un poco por arriba de su cabeza, para que la esfera quede entre él y la lámpara. **PRECAUCIÓN:** *No mires directamente la bombilla.*
6. La esfera debe estar a 1 o 1.5 m de la lámpara. Ajusta la distancia entre las dos para que la luz brille intensamente en la esfera.

7. Párate exactamente detrás de tu compañero y observa qué parte de la esfera está iluminada. Si la luz es visible sobre la esfera, dibuja en el primer círculo la forma de la parte iluminada de la esfera.
8. Pide a tu compañero que gire a la izquierda 45°, manteniendo la esfera frente a él y a la distancia del brazo.
9. Repite el Paso 7. Asegúrate de pararte exactamente detrás de tu compañero.
10. Repite los Pasos 8 y 9 hasta que tu compañero esté frente a la lámpara otra vez. Consulta la fotografía para las ocho posiciones.
11. Cambia de lugar con tu compañero y repite los Pasos del 4 al 10.

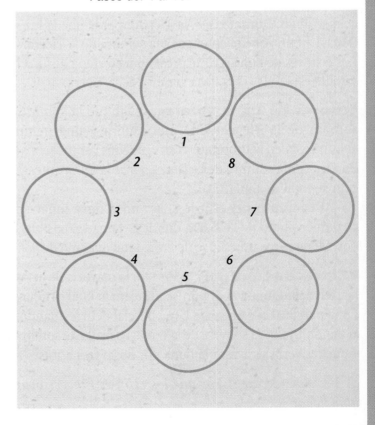

Analizar y concluir

1. En tu modelo, ¿qué representa a la Tierra? ¿Al Sol? ¿A la Luna?

2. Vuelve a tus 8 círculos. ¿Qué tanto de la parte iluminada de la esfera viste cuando estabas frente a la lámpara?

3. Identifica tus dibujos con los nombres de las fases lunares. ¿Cuál dibujo representa a la luna llena? ¿A la luna nueva? ¿Cuál representa el cuarto creciente? ¿Y el cuarto menguante?

4. ¿Qué tanto viste de la parte iluminada de la esfera después de cada giro?

5. Ya sea que la vieras o no, ¿qué tanto de la superficie de la esfera siempre estuvo iluminada por la lámpara? La oscuridad de la luna nueva, ¿fue causada por un eclipse? Explica tu respuesta.

6. **Reflexiona sobre** ¿Cómo te ayudó el hacer un modelo a entender las fases de la Luna? ¿Cuáles son algunas desventajas de usar modelos? ¿Qué otro modo hay de hacer un modelo para representar las fases lunares?

Explorar más

Diseña un modelo para mostrar un eclipse lunar y uno solar. ¿Qué objetos usarás para representar a la Tierra, la Luna y el Sol? Usa el modelo para demostrar por qué no hay eclipses en cada luna llena y luna nueva.

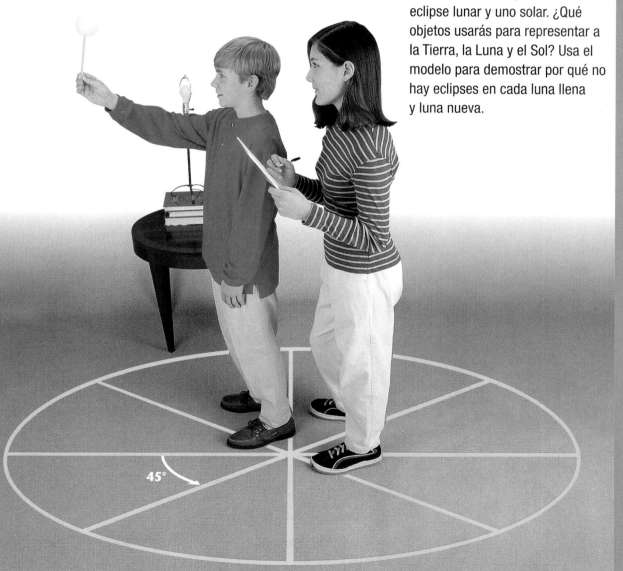

45°

Figura 9 Las rocas Hopewell, en New Brunswick, Canadá, son cubiertas parcialmente por la marea alta. Con el bajamar, se puede caminar por la playa entre las rocas. *Predecir ¿Qué pasaría si las personas se quedaran en la playa más tiempo?*

Mareas

¿Has construido un castillo de arena en una playa? ¿Se lo llevó el agua al ir subiendo? Quienes pasan tiempo junto al océano ven los efectos de las **mareas**, la subida y descenso del agua cada 12.5 horas más o menos. El agua sube durante cerca de seis horas, luego baja por otras seis, en un ciclo regular.

¿Cuál es la causa de las mareas?

La fuerza de **gravedad** atrae a la Luna y a la Tierra (incluso el agua de la superficie terrestre) una hacia a la otra. La fuerza de gravedad entre dos objetos depende de las masas de esos objetos y de la distancia entre ellos. **Las mareas se producen principalmente a causa de la diferencia de cuánta atracción ejerce la Luna sobre distintas partes de la Tierra.**

Conforme gira la Tierra, la gravedad lunar atrae el agua hacia el punto de la superficie terrestre más cercano a la Luna. Si ésa fuera la única causa, habría sólo una marea alta por vez, en el punto de la Tierra más próximo a la Luna. En realidad, hay una segunda marea alta en el lado opuesto de la Tierra, así que la explicación es más compleja. Las dos mareas ocurren a causa de la diferencia en la fuerza de gravedad de un lugar a otro.

Marea alta

Mira la Figura 10. La fuerza de gravedad lunar en el punto A, que está más cerca de la Luna, es más fuerte que la fuerza de gravedad lunar sobre la Tierra en su conjunto. El agua cercana al punto A es atraída hacia la Luna con más fuerza que la Tierra en conjunto. El agua fluye hacia el punto A, formando una marea alta.

La fuerza de la gravedad lunar en el punto B, que está más lejos de la Luna, es más débil que la fuerza de gravedad de la Luna sobre la Tierra en conjunto. Ésta es atraída hacia la Luna con más fuerza que el agua en el punto B, así que el agua "se queda atrás". El agua fluye hacia el punto B y la marea alta se produce ahí también.

✓ *Punto clave ¿Por qué hay marea alta en los lados opuestos de la Tierra al mismo tiempo?*

Punto A
Más cerca de la Luna, ésta atrae el agua en la superficie terrestre con más fuerza que a la Tierra en conjunto. El agua fluye hacia el punto A, provocando la marea alta.

Punto B
En su punto más alejado de la Luna, ésta atrae con menos fuerza las aguas de la superficie que a la Tierra en su conjunto. La Tierra es atraída en este punto, dejando atrás el agua. Esa agua crea otra marea alta.

Puntos C y D
La marea baja se produce entre dos mareas altas.

El ciclo de las mareas Entre los puntos A y B, el agua fluye desde los puntos C y D, provocando las mareas bajas. La Figura 10 muestra que en la Tierra, en cualquier momento, hay dos lugares con marea alta y dos con marea baja. Conforme la Tierra gira, una marea alta se queda en el lado de la Tierra que mira a la Luna; mientras la segunda marea alta sigue en el lado opuesto. Todo sitio en la Tierra pasa por esas dos mareas altas y dos mareas bajas en un ciclo de 24 horas.

Marea viva y marea muerta La gravedad solar también atrae las aguas terrestres. Una vez al mes, en la luna nueva, el Sol, la Tierra y la Luna se colocan casi en línea. La gravedad del Sol y la de la Luna tiran en la misma dirección. La fuerza combinada produce una marea con la mayor diferencia entre las mareas alta y baja, llamada **marea viva**.

¿Qué piensas que ocurre en la luna llena? La Luna y el Sol están en lados opuestos de la Tierra. Pero, puesto que hay mareas en ambos lados de la Tierra, también se produce una marea viva. No importa en qué orden el Sol, la Tierra y la Luna se alineen. Las mareas vivas ocurren dos veces al mes, en la luna llena y en la nueva.

También dos veces al mes, durante las fases del primer cuarto y del último, la línea entre la Tierra y el Sol forma ángulo recto con la línea entre la Tierra y la Luna. La atracción solar está en ángulo recto con la de la Luna. Esta disposición produce una marea con la mínima diferencia entre las mareas baja y alta, llamada **marea muerta**.

Figura 10 Las mareas se producen principalmente por las diferencias en la fuerza de gravedad entre la Luna y las diferentes partes de la Tierra.

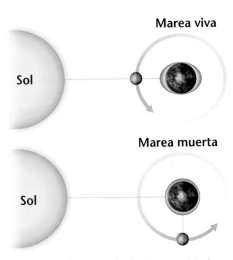

Figura 11 Cuando la Tierra, el Sol y la Luna están en línea recta (arriba), se produce la marea viva. Cuando la Luna no está en ángulo recto con el Sol (abajo), ocurre la marea muerta.

Figura 12 La púrpura de mar comienza a alimentarse sobre las barnaclas en la zona intermareal del Parque Nacional Olímpico, en el estado de Washington. Ambos animales tienen adaptaciones que les permiten mantenerse húmedos y colgados, así como sobrevivir en las condiciones de la zona intermareal.

Efectos de las mareas locales No todos los lugares tienen dos mareas regulares todos los días. La forma de las bahías, ensenadas y el fondo marino pueden afectar el flujo de agua, así que la altura y la duración de las mareas pueden variar, aun en lugares muy cercanos. Porque las mareas bajas pueden exponer rocas y hacer las aguas poco profundas para navegar, los marineros deben seguir el curso de las mareas. Hoy en día pueden verse en los periódicos barcos que encallaron en mareas bajas y están en espera de la próxima marea alta.

En ocasiones los efectos de las mareas se extienden río arriba. El agua en la desembocadura de los ríos fluye corriente arriba con la venida de la marea. Cuando la marea cambia y se retira, el agua corre corriente abajo hacia el mar.

INTEGRAR LAS CIENCIAS DE LA VIDA En algunas costas hay una franja de tierra llamada zona intermareal, que queda bajo el agua con la marea alta y es tierra seca en la marea baja. Los animales que viven en la zona intermareal, deben adaptarse a las condiciones cambiantes. Las estrellas marinas, por ejemplo, tienen estructuras de succión en la parte anterior de sus brazos. Eso les permite aferrarse firmemente a una superficie, y no flotar cuando el flujo viene o se retira. Las barnaclas tienen pesadas placas en sus conchas que se cierran con firmeza. De esta forma, el agua permanece dentro de sus conchas y les permite permanecer húmedas cuando la marea se retira.

Repaso de la sección 2

1. ¿Por qué cambian las fases lunares conforme transcurre el mes?
2. Describe las posiciones relativas de la Tierra, el Sol y la Luna durante un eclipse solar y durante un eclipse lunar.
3. Explica por qué hay dos mareas altas y dos mareas bajas al día.
4. ¿Por qué el "día" y el "año" tienen la misma duración en la Luna?
5. **Razonamiento crítico** **Interpretar diagramas** Haz un diagrama para mostrar en qué fase está la Luna cuando se produce un eclipse lunar.

PROYECTO DEL CAPÍTULO 1

Comprueba tu aprendizaje
Lleva tu hoja de registro al salón para que puedas compartir tus observaciones con los compañeros. Revisa el periódico todos los días para averiguar la hora de las salidas y las puestas de la Luna, y anota esta información. Si puedes, busca la Luna cuando sale o se pone, incluso durante el día. Usa tu mapa para rastrear la dirección en que puedes verla.

SECCIÓN 3 Cohetes y satélites

DESCUBRE · *ACTIVIDAD* · · · ·

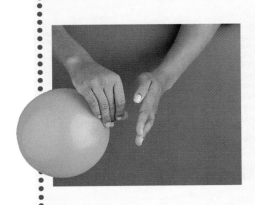

¿Cómo funcionan los cohetes?

1. Ponte tus gafas de protección. Infla un globo y ciérrale la boquilla sujetándola con tus dedos.

2. Apunta el globo hacia una área donde no haya personas. Pon tu mano libre frente a la boquilla, de modo que el aire presione tu mano. Suelta el globo.

3. Repite los pasos 1 y 2 sin poner tu mano frente a la boquilla.

Reflexiona sobre

Observar ¿En cuál dirección sale disparado el aire? ¿En qué dirección se mueve el globo? ¿Necesita el globo presionar contra algo para poder moverse? Explica tu respuesta.

L a curiosidad acerca de los "vecinos" de la Tierra en el espacio ha conducido a las misiones a la Luna y a Marte, a los vuelos del transbordador y a las estaciones espaciales. Pero sin cohetes, ninguna de estas hazañas habría sido posible.

Cómo funcionan los cohetes

Un cohete funciona de manera similar a como se impulsa un globo al soltar su gas en el aire. **Un cohete avanza cuando los gases expulsados por su parte posterior lo empujan en la dirección opuesta.** Es una ley básica de la física que para cada fuerza, o acción, existe una fuerza, o reacción, igual pero opuesta. Por ejemplo, la fuerza del aire al salir del globo es una fuerza de acción. Una fuerza igual, la reacción, impulsa al globo hacia delante.

En un cohete, el combustible se quema para producir gas caliente. Este gas caliente es forzado a salir por angostas toberas en la parte trasera del cohete, y así lo hace avanzar.

GUÍA DE LECTURA

◆ ¿Cómo viajan los cohetes en el espacio?

◆ ¿Para qué se usan los satélites y las estaciones espaciales?

Sugerencia de lectura Antes de leer, reescribe los encabezados de la sección como preguntas de *cómo, por qué* o *qué*. Conforme leas, busca las respuestas a esas preguntas.

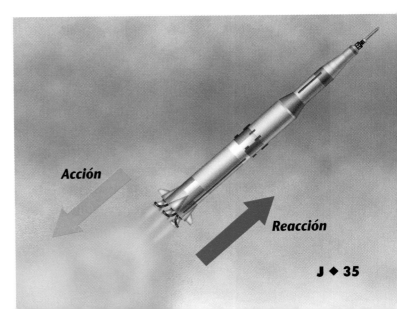

Figura 13 En el cohete, el gas caliente es expulsado por la parte trasera de su motor. La fuerza del gas en una dirección (acción) produce una fuerza opuesta (reacción) que hace avanzar al cohete.

Acción

Reacción

3b Se enciende la tercera etapa.

4b El vehículo lunar prosigue a la órbita lunar.

3a La segunda etapa se separa y cae a Tierra.

4a Se descarta la tercera etapa.

2b Se enciende la segunda etapa y sigue con la tercera.

2a La primera etapa se separa y cae a tierra.

Figura 14 Los cohetes de etapas múltiples tienen tres etapas o secciones. En las dos primeras se quema todo el combustible y luego caen a tierra. La tercera etapa entra en acción. Sólo partes de esta etapa alcanzan el destino del cohete.

Cohetes de etapas múltiples

Los primeros cohetes, fabricados por los chinos hacia el año 1000, usaban pólvora como combustible. Pero la pólvora se quema rápido y explota. Un cohete diseñado para viajar fuera de la atmósfera terrestre necesita otro tipo de combustible que arda lenta y continuamente. El científico americano Robert H. Goddard experimentó con combustibles líquidos en los años 20. Demostró que un combustible líquido podía proveer energía continua. Algunos combustibles sólidos también arden lenta y continuamente.

Pero quedaba otro problema. Un cohete necesita llevar mucho combustible. Una vez que éste se agota, el cohete cae a tierra. En 1903, un ruso llamado Konstantin Tsiolkovsky dio con la idea de los cohetes de etapas múltiples. Conforme cada etapa, o sección, del cohete agota su combustible, se desprende del recipiente vacío. Luego la siguiente etapa se enciende y continúa avanzando hacia el destino del cohete.

El desarrollo de los potentes cohetes de etapas múltiples en las décadas de los 50 y los 60 hizo posible enviar cohetes a la Luna y más allá en el espacio. La Figura 14 muestra un cohete similar al Saturno V que llevó a los astronautas a la Luna. Sabrás más sobre los alunizajes en la Sección 4.

Satélites artificiales

El mundo se asombró el 4 de octubre de 1957, cuando la Unión Soviética puso en órbita el primer satélite artificial. Un **satélite** es cualquier objeto natural o artificial que gira en torno a otro objeto en el espacio, como la Luna gira alrededor de la Tierra. Ese satélite, el *Sputnik 1*, daba una vuelta a la Tierra cada 96 minutos. Tres meses después, Estados Unidos puso en órbita al *Explorer 1*. El 12 de abril de 1961, Yuri Gagarin, cosmonauta soviético, fue la primera persona en órbita.

Tercera etapa

Segunda etapa

Primera etapa

1 La pesada primera etapa aporta impulso para despegar.

A partir de 1957, miles de satélites artificiales, incluso estaciones espaciales, se han puesto en órbita. **Los satélites y las estaciones espaciales se usan para comunicaciones, navegación, recolección de datos meteorológicos e investigación.**

Satélites Los satélites artificiales se usan para transmitir llamadas telefónicas, medir la atmósfera terrestre, fotografiar sistemas climáticos, cosechas, tropas y navíos. Además, dos docenas de Satélites de Posicionamiento Global emiten señales que son captadas en pequeños receptores en la Tierra. Entonces el receptor puede decirte en qué parte de la superficie terrestre estás.

Algunos satélites están en **órbitas geosíncronas,** lo que significa que giran alrededor de la Tierra a la misma velocidad de la rotación terrestre. Los satélites geosíncronos situados arriba del ecuador parecen estar quietos sobre un punto determinado. Los satélites geosíncronos se usan para transmitir señales de televisión y hacer mapas de los patrones metorológicos.

Estaciones espaciales Una estación espacial es un satélite grande en el cual la gente puede vivir por largo tiempo. La primera estación espacial, la *Salyut,* de la Unión Soviética, fue lanzada en 1971. En 1973, Estados Unidos lanza el *Skylab,* que llevaba una serie de telescopios y experimentos médicos, geológicos y astronómicos. La antigua Unión Soviética, de la que Rusia era parte, lanzó la estación *Mir* en 1986. En ruso *mir* quiere decir "paz". Astronautas de varios países, incluidos los americanos, han visitado la *Mir.* Dieciséis países incluidos Estados Unidos y Rusia, cooperan en la construcción de una Estación Espacial Internacional.

☑ *Punto clave* ¿Qué es una órbita geosíncrona?

Sé un experto en cohetes

Tú puedes construir un cohete.

ACTIVIDAD

1. Usa un vaso de plástico o de papel como el cuerpo del cohete. Hazle la punta recortando un cono de papel y pegándolo al fondo del vaso.

2. Consigue un envase de película vacío, con tapa que embone en el interior del envase. Sal al aire libre para los pasos 3-5.

3. Llena de agua la cuarta parte del envase.

4. Ponte tus gafas de seguridad. Pon la mitad de una tableta de antiácido efervescente en el envase de película y ajústale rápido la tapa.

5. Coloca el envase en el suelo con la tapa hacia abajo. Pon tu cohete sobre el envase ¡y míralo elevarse!

Observar ¿Qué reacción sucedió dentro del envase de película? ¿Cómo fue la reacción del cohete?

Figura 15 La Estación Espacial Internacional es un proyecto de cooperación que involucra a 16 países, incluyendo Estados Unidos, Rusia, Japón y Canadá. Ésta es una concepción artística de una estación en órbita sobre Florida.

Figura 16 El transbordador *Discovery* es lanzado al espacio tanto por sus propios cohetes como por los que están adheridos a él. *Inferir* *¿Qué ventaja tiene una nave espacial que puede usarse de nuevo?*

Transbordadores espaciales

Los cohetes Saturno V que llevaron a los astronautas a la Luna en las décadas de los 60 y los 70 eran muy costosos. Además no se podían volver a usar porque cada etapa se quemaba en la atmósfera terrestre al caer de regreso. A finales de los 70, la NASA desarrolló transbordadores espaciales que podían volver a usarse. Los llamaron transbordadores porque podían ir y venir, o transbordar, entre la Tierra y el espacio. Desde que fue lanzado el primero en 1981, los transbordadores han sido el principal medio Estados Unidos ha usado para lanzar al espacio astronautas y equipo.

La NASA estudia algunas ideas para que resulte menos costoso poner gente y carga en el espacio. El vehículo ideal sería una nave aeroespacial que pudiera despegar, viajar por el espacio y aterrizar una y otra vez.

Repaso de la sección 3

1. ¿Cómo funciona un cohete?
2. Describe tres usos de los satélites y las estaciones espaciales.
3. ¿Cuál de las etapas de un cohete llega con éste a su destino?
4. **Razonamiento crítico Comparar y contrastar** ¿Cuál es una diferencia entre el cohete Saturno V y los transbordadores espaciales?

Las ciencias en casa

Entrevista a alguien que recuerde los programas espaciales de las décadas de los 50 y de los 60. Prepara antes preguntas como éstas: ¿Qué sintió al oír que el *Sputnik* estaba en órbita? ¿Qué pensó cuando los primeros americanos fueron al espacio? ¿Vio por televisión alguno de los vuelos espaciales? Seguramente querrás grabar tus entrevistas, por lo que puedes hacer un formulario de preguntas y respuestas.

SECCIÓN
4 La Luna de la Tierra

DESCUBRE ·····································ACTIVIDAD·····

¿Por qué los cráteres son diferentes?

La Luna tiene en su superficie agujeros llamados cráteres.

1. Ponte tus gafas de protección. Pon una capa de arena de 2 cm en un recipiente grande de plástico.

2. Deja caer canicas de diferentes masas desde unos 20 cm de altura. Quita las canicas y ve los cráteres que dejaron.

3. Pronostica qué pasará si dejas caer las canicas desde una altura mayor. Alisa la arena. Ahora tira las canicas de diferentes masas desde unos 50 cm de altura.

4. Quita las canicas y ve los cráteres que dejaron.

Reflexiona sobre
Desarrollar una hipótesis ¿En qué paso crees que las canicas iban más rápido al chocar con la arena? Si los objetos que golpearon la Luna causaron cráteres, ¿cómo afectó la velocidad de los objetos el tamaño de los cráteres? ¿Cómo afectaron las masas el tamaño de los cráteres?

¿Te gustaría ir de vacaciones a la Luna? Antes de contestar, piensa en estos hechos. No hay aire ni agua líquida en la Luna. La temperatura en su superficie oscila entre 100° C, el punto de ebullición del agua, y los −170° C, muy por debajo del punto de congelación.

Para poder estar a una temperatura cómoda y llevar su abastecimiento de aire, los astronautas que alunizaron tuvieron que usar estorbosos trajes. Cada traje espacial tiene una masa de 90 kilogramos, ¡casi tanta como la del propio astronauta! Sin embargo, como la gravedad lunar es de sólo una sexta parte de la terrestre, los astronautas podían saltar como las estrellas del baloncesto a pesar de sus pesados trajes espaciales. ¿Qué piensas ahora? ¿Aún quieres ir?

GUÍA DE LECTURA

◆ ¿Qué características de la Luna se ven a través del telescopio?

◆ ¿Cómo ayudaron los alunizajes Apolo a los científicos a saber más sobre la Luna?

Sugerencia de lectura Conforme leas, escribe en qué se parece la superficie lunar a la terrestre.

Figura 17 El astronauta John W. Young brinca en la superficie lunar mientras saluda a la bandera, el 21 de abril de 1972. La máquina a la izquierda es el módulo lunar del *Apolo 16*.

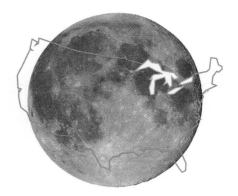

Figura 18 El diámetro de la Luna es algo menor que la distancia de costa a costa de Estados Unidos.

La estructura y el origen de la Luna

La Luna tiene 3,476 kilómetros de diámetro, poco menos de lo que mide Estados Unidos a lo ancho. Este diámetro es sólo la cuarta parte del diámetro terrestre. No obstante, la Luna tiene sólo la octava parte de la masa terrestre. La Tierra tiene un núcleo muy denso, pero las capas exteriores son menos densas. La densidad promedio de la Luna es casi la misma de las capas exteriores de la Tierra.

Durante mucho tiempo las personas se han preguntado cómo se formó la Luna. Los científicos proponen muchas hipótesis. Por ejemplo, ¿alguna vez giró la Tierra tan rápido que arrojó el material del que está hecha la Luna? ¿Se formó la Luna en otro sitio del sistema solar y al acercarse fue capturada por la atracción gravitatoria de la Tierra? ¿Se formó al mismo tiempo que la Tierra y cerca de ella? Los científicos han hallado razones para rechazar todas estas ideas.

La teoría del origen de la Luna que se ajusta mejor a las evidencias se llama teoría de la colisión. Se ilustra en la Figura 19. Hace unos 4.5 mil millones de años, cuando la Tierra era nueva, un objeto tan grande como Marte chocó con ella. Material de ese objeto y de las capas externas de la Tierra fue arrojado a una órbita alrededor de la Tierra. Finalmente, el material se combinó para formar la Luna.

Contemplar la Luna desde la Tierra

Durante miles de años, la gente vio figuras en la superficie lunar, pero no sabía qué las originaba. Los antiguos griegos pensaban que la Luna era perfectamente lisa. No fue hasta hace unos 400 años cuando los científicos pudieron estudiar la Luna más de cerca.

Figura 19 Esta simulación por computadora muestra la teoría de la colisión sobre el origen de la Luna. Según ésta, un gran objeto golpeó la Tierra. Los escombros resultantes formaron la Luna.

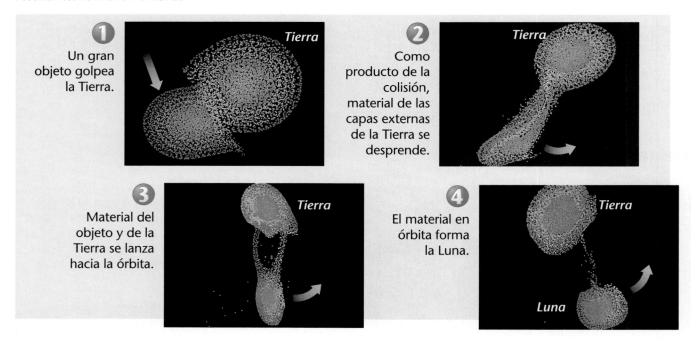

1 Un gran objeto golpea la Tierra.

2 Como producto de la colisión, material de las capas externas de la Tierra se desprende.

3 Material del objeto y de la Tierra se lanza hacia la órbita.

4 El material en órbita forma la Luna.

Platón

Mar de las
Tormentas

Mar de la
Serenidad

Arquímedes

Mar de la
Tranquilidad

Copérnico

Figura 20 Los astrónomos han dado nombre a muchos de los cráteres y mares lunares. Copérnico es uno de los mayores cráteres.

En 1609, el astrónomo italiano Galileo Galilei supo de un aparato que hacía ver cerca los objetos lejanos. Pronto Galileo hizo su propio **telescopio** poniendo dos lentes dentro de un tubo de madera. Los lentes enfocaban la luz que pasaba por el tubo y hacían que los objetos pareciesen más cercanos. Cuando Galileo apuntó a la Luna con su telescopio, vio mucho más detalles que nadie antes. **Las características de la superficie lunar incluyen cráteres, cordilleras y maria o mares.**

Galileo vio que gran parte de la superficie lunar tiene hoyos redondos llamados **cráteres.** Algunos tienen centenares de kilómetros de anchura. Durante 300 años, los científicos creyeron que los cráteres lunares pertenecían a volcanes. Pero hace unos 50 años, concluyeron que los cráteres de la Luna se debían a impactos de meteoritos, rocas provenientes del espacio.

Galileo infirió que algunas de las características que él había visto eran cordilleras o montañas. Los picos de las cordilleras y los bordes de los cráteres producían sombras que Galileo podía ver.

La superficie lunar también tiene áreas oscuras y planas a las que Galileo llamó **maria**, palabra latina para mares. Galileo creía que los mares podían ser océanos. Ahora los científicos saben que no hay mares en la Luna. Los maria son áreas bajas y secas que fueron cubiertas con material fundido hace millones de años. Como siempre ves los mismos maria desde la Tierra, puedes decir que la Luna muestra siempre la misma cara a la Tierra.

☑ *Punto clave* ¿Qué son los maria?

Artes visuales
CONEXIÓN

Cuando Galileo observaba la Luna, hacía dibujos como el de abajo. Tenía conocimientos de dibujo, así que interpretaba sus observaciones como lo haría un artista. La luz y la sombra se usan en el arte para dar a las figuras la apariencia de tercera dimensión.

Galileo vio las áreas de luz y sombra en la Luna y concluyó que la superficie de la Luna no era lisa.

En tu diario

Bajo una luz brillante, ordena un conjunto de objetos. Dibuja el perfil de los objetos. Luego observa dónde quedan sus sombras. Sombrea esas áreas. Nota cómo el sombreado hace que esas áreas parezcan más reales.

Misiones a la Luna

"Creo que esta nación debe comprometerse a alcanzar la meta, antes de que esta década termine, de poner un hombre en la Luna y traerlo a salvo de regreso a la Tierra." Con estas palabras del discurso de mayo de 1961, el presidente John F. Kennedy inició un enorme programa de exploración espacial e investigación científica.

Exploración de la Luna Entre 1964 y 1972, Estados Unidos y la Unión Soviética enviaron docenas de cohetes a explorar la Luna. Hasta que una nave espacial llegara a la Luna, nadie sabría cómo era su superficie. ¿Se hundiría la nave en el espeso polvo al tocar el suelo, perdiéndose para siempre? Cuando la sonda *Surveyor* se posó en la Luna, no se hundió, lo cual demostró que la superficie es sólida. Luego los *orbitadores lunares* fotografiaron la superficie lunar para que los científicos hallaran un lugar plano y seguro donde el cohete pudiera alunizar.

Los alunizajes En julio de 1969 tres astronautas dieron vuelta a la Luna en el *Apolo 11*. Una vez en órbita alrededor del astro, Neil Armstrong y Buzz Aldrin entraron en un diminuto módulo lunar llamado *Eagle*, dejando a Michael Collins en órbita a bordo del módulo de comando. El 20 de julio de 1969 el *Eagle* se acercó a la superficie lunar, sobre una área plana llamada Mar de la Tranquilidad. Armstrong y Aldrin ya casi no tenían combustible, así que debían encontrar rápido dónde aterrizar. Millones de personas contenían el aliento mientras esperaban saber si los astronautas habían alunizado a salvo. Finalmente se encendió una luz roja en el tablero de control. "¡Luz de contacto! Houston, Base Tranquilidad al habla. El *Eagle* ha aterrizado", comunicó por radio Armstrong a Tierra.

Tras el alunizaje, Armstrong y Aldrin salieron del *Eagle* para explorar la Luna. Al poner un pie en la Luna por primera vez, Armstrong dijo: "Éste es un pequeño paso para el hombre, pero es un gran salto para la humanidad." Armstrong quiso decir "Éste es un pequeño paso para *un* hombre", refiriéndose a él mismo, pero emocionado olvidó "un" y dijo "el".

Figura 21 El 20 de julio de 1969, Neil Armstrong, astronaunta del *Apolo 11*, se convirtió en la primera persona en caminar en la Luna. *Inferir ¿Por qué era importante que el módulo lunar se posara en una superficie plana?*

En la superficie de la Luna Todo lo que hallaban los astronautas del *Apolo 11* era nuevo y emocionante. Incluso ver sus huellas les enseñó cosas sobre el suelo lunar. Los astronautas recorrieron la superficie y tomaron muestras de rocas para traerlas a la Tierra y que las estudiaran los científicos.

En misiones posteriores, los astronautas pudieron permanecer en la Luna varios días en vez de sólo unas horas. Inclusive tenían un buggy para trasladarse. También pudieron alunizar cerca de las cordilleras, que son más interesantes de estudiar que el mar plano donde alunizó el *Apolo 11*.

Rocas y sismos lunares Los astronautas trajeron a la Tierra 382 kilogramos de rocas lunares, casi la mitad de la masa de un coche compacto. **Gran parte de lo que los científicos saben sobre la Luna procede del estudio detallado de las rocas recogidas por los astronautas.** Casi todas esas rocas se formaron al enfriarse el material fundido, por lo que alguna vez la superficie de la Luna debió ser muy caliente. Algunas de las rocas muestran que habían sido rotas por el impacto y vueltas a reformar. Por eso los científicos concluyen que la superficie lunar ha sido bombardeada por meteoritos.

Los astronautas llevaron instrumentos de medición a la Luna para registrar algunos de los impactos de los meteoritos. Uno de esos aparatos, conocido como sismógrafo, es usado para detectar sismos en la Tierra. Los sismógrafos en la Luna han detectado violentos sismos lunares, que han resultado en profundos cambios en la superficie lunar.

Hasta antes de que los astronautas del *Apolo* se posaran en la Luna, los científicos conocían poco del interior de la Luna. Otro de los aparatos que dejaron fue uno para medir el calor que se desprende del interior de la Luna, para estudiar y poder comparar el interior del satélite. El instrumento ha mostrado que la Luna ha estado enfriándose casi desde el momento de su formación.

☑ *Punto clave* ¿*Qué descubrieron los científicos sobre el interior de la Luna como resultado de sus alunizajes?*

Figura 22 En posteriores misiones los astronautas contaron con un *buggy* lunar para explorar la superficie de la Luna.

Mejora tus
destrezas

Calcular ACTIVIDAD

Si fueras de vacaciones a la Luna, pesarías sólo una sexta parte de tu peso en la Tierra. Para saber cuánto pesas en la Luna, divide tu peso por 6.

Si usaras un traje espacial que pesa tanto como tú, ¿cuánto pesarías en total?

Figura 23 La cara oculta de la Luna es mucho más áspera que la cara visible desde la Tierra.
Observar ¿Cómo se llaman los hoyos redondos que se ven en la fotografía?

Fotografías de la Luna Los astronautas del *Apolo* rodearon la Luna en un cohete y fotografiaron toda su superficie. La imágenes muestran que la cara oculta de la Luna es más áspera que la cara visible y que tiene pocos maria.

El transbordador *Clementine* regresó de la Luna en 1994. Tomó fotos de la Luna a través de diferentes filtros que mostraron qué tipo de minerales hay en el satélite. El nombre de *Clementine* es el de la hija del explorador de la vieja canción "mi querida Clementine".

En 1998 el *Explorador Lunar* regresó de la Luna. Hizo mapas del satélite desde una altura de sólo 100 kilómetros. El *Explorador Lunar* halló evidencias de que hay una capa congelada en el suelo lunar cercano a los polos.

Repaso de la sección 4

1. Nombra las tres características que Galileo vio en la superficie lunar.
2. ¿Qué hicieron los astronautas del proyecto *Apolo* en la Luna?
3. ¿Cómo se formaron los cráteres lunares?
4. **Razonamiento crítico** Inferir ¿Por qué antes los científicos creían que había volcanes en la Luna? ¿Qué evidencia de los alunizajes del *Apolo* hace esto poco probable?

Comprueba tu aprendizaje

PROYECTO DEL CAPÍTULO

Compara tus observaciones de la Luna al empezar el día con las observaciones hechas en la noche de ese mismo día. ¿Hacia dónde pareció moverse la Luna por el cielo en el transcurso del día? ¿Qué pasa con el aspecto de la Luna entre las dos observaciones? ¿Hay un patrón para cada día? (*Sugerencia*: Ve si el mismo patrón es cierto para observaciones posteriores en el mes.)

SECCIÓN 1 La Tierra en el espacio

Ideas clave

- La Astronomía es el estudio de la Luna, las estrellas y otros objetos del espacio.
- La rotación de la Tierra sobre su eje causa el día y la noche.
- Una traslación completa de la Tierra alrededor del sol se llama un año.
- La Tierra tiene estaciones porque su eje va inclinado al girar alrededor del sol.

Términos clave

astronomía	latitud
eje	solsticio
rotación	equinoccio
traslación	equinoccio vernal
órbita	equinoccio de otoño

SECCIÓN 2 Fases, eclipses y mareas

Ideas clave

- La Luna gira alrededor de la Tierra y sobre su propio eje.
- La fase de la Luna depende de la porción de la cara iluminada que se vea desde la Tierra.
- Un eclipse solar ocurre cuando la Luna pasa entre la Tierra y el Sol, impidiendo que la luz solar llegue a la Tierra.
- Un eclipse lunar ocurre cuando la Tierra se ubica directamente entre la Luna y el Sol, evitando que la luz solar llegue a la Luna.
- Las mareas se producen principalmente a causa de la diferencia de cuánta atracción ejerce la Luna sobre distintas partes de la Tierra.

Términos clave

fase	eclipse lunar
eclipse	marea
eclipse solar	gravedad
umbra	marea viva
penumbra	marea muerta

SECCIÓN 3 Cohetes y satélites

INTEGRAR LA TECNOLOGÍA

Ideas clave

- Un cohete avanza cuando los gases expulsados por su parte posterior lo empujan en la dirección opuesta.
- Los satélites y las estaciones espaciales se usan para comunicaciones, navegación, recopilación de datos meteorológicos e investigación.

Términos clave

satélite	órbita geosíncrona

SECCIÓN 4 La Luna de la Tierra

Ideas clave

- Las características de la superficie lunar incluyen cráteres, cordilleras y mares o maria.
- Gran parte de lo que los científicos saben sobre la Luna procede del estudio de las rocas lunares.

Términos clave

telescopio
cráter
maria

USAR LA INTERNET ACTIVIDAD

www.science-explorer.phschool.com

Repaso del contenido

Para repasar los conceptos clave, consulta el CD-ROM Tutorial interactivo del estudiante.

Opción múltiple

Elige la letra de la respuesta que complete mejor cada enunciado.

1. El movimiento de la Tierra alrededor del Sol una vez al año se llama
   a. órbita.
   b. rotación.
   c. traslación.
   d. eje.

2. La parte más oscura de la sombra es
   a. la umbra.
   b. la penumbra.
   c. el eclipse.
   d. la fase.

3. Cuando la sombra de la Tierra cae sobre la Luna, provoca
   a. la Luna nueva.
   b. un eclipse solar.
   c. la Luna llena.
   d. el eclipse lunar.

4. Un satélite en órbita geosíncrona gira alrededor de la Tierra cada
   a. hora.
   b. semana.
   c. mes.
   d. día.

5. Los cráteres de la Luna fueron causados por
   a. cordilleras.   b. volcanes.
   c. impactos   d. mares.
      de meteoritos.

Falso o verdadero

Si el enunciado es verdadero, escribe verdadero. Si es falso, cambia la palabra o palabras subrayadas para hacer verdadero el enunciado.

6. Al girar de la Tierra sobre su eje se le llama <u>revolución</u>.

7. La inclinación del eje terrestre al girar la Tierra alrededor del Sol causa los <u>eclipses</u>.

8. Un eclipse total de <u>Sol</u> ocurre sólo en luna nueva.

9. Muchos <u>satélites artificiales</u> giran alrededor de la Tierra.

10. El enfriamiento del material fundido en la Luna formó los <u>cráteres</u>.

Revisar los conceptos

11. Describe la forma de la órbita terrestre.

12. El eje de Marte tiene casi la misma inclinación del eje terrestre. ¿Crees que en Marte haya estaciones? Explica tu respuesta.

13. ¿Cómo se compara el tiempo que tarda la Luna en dar una vuelta sobre su eje con el que tarda en girar alrededor de la Tierra?

14. ¿Por qué más gente ve un eclipse total de Luna que un eclipse total de Sol?

15. ¿Por qué hay marea alta en el lado de la Tierra más cercano a la Luna?

16. ¿Qué ley básica de la física explica por qué avanzan los cohetes?

17. Describe los hechos que formaron la Luna de acuerdo con la teoría de la colisión.

18. ¿Qué aprendieron los científicos al estudiar las rocas traídas desde la Luna por los astronautas?

19. **Escribir para aprender** Imagina que se reinician los viajes a la Luna. Tú eres astronauta y vas a la Luna. Escribe un párrafo en que describas lo que veas a tu arribo. ¿Cómo podrían las rocas que encuentres ayudar a los científicos?

Razonamiento gráfico

20. **Red de conceptos** En una hoja de papel, copia la red de conceptos sobre el movimiento de la Tierra en el espacio. Después complétala y ponle un título. (Para más información acerca de las redes de conceptos, consulta el Manual de destrezas.)

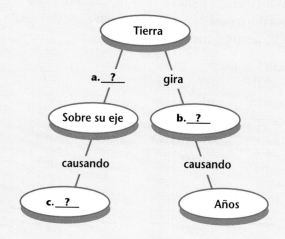

Aplicar las destrezas

Usa la ilustración de abajo para contestar las preguntas 21–23. (*Sugerencia:* La inclinación del eje terrestre es de 23.5°.)

21. Interpretar diagramas ¿En cuál de los hemisferios caen más directamente los rayos solares?

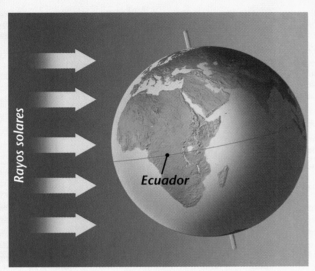

Rayos solares

Ecuador

22. Inferir ¿En el hemisferio norte hay el solsticio de verano, el de invierno o uno de los dos equinoccios? ¿Cuál conoces?

23. Predecir Seis meses después en esta ilustración, la Tierra habrá completado la mitad de su recorrido alrededor del Sol. Muestra en un dibujo cuál será la inclinación del eje hacia el Sol.

Razonamiento crítico

24. Relacionar causa y efecto ¿Cómo los cambios de posición de la Luna, la Tierra y el Sol causan las mareas vivas y las mareas muertas?

25. Aplicar los conceptos ¿Cada cuándo la Luna se eleva? ¿Aparece por el cielo este o por el oeste?

26. Plantear preguntas Supón que eres el encargado de diseñar los trajes que los astronautas usarán en la Luna. ¿Qué respuestas necesitarías sobre la Luna para diseñar el traje espacial?

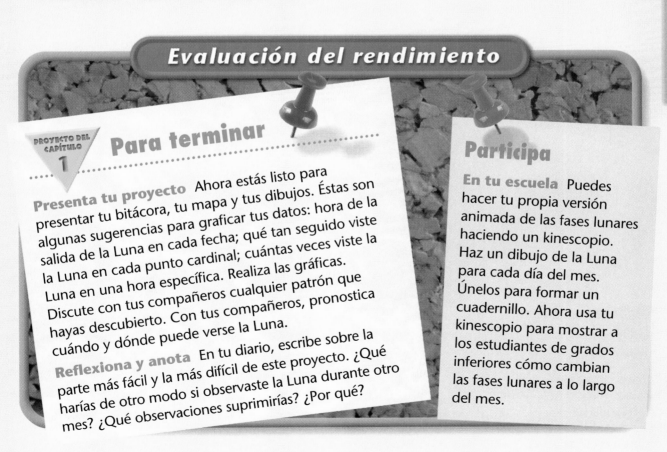

Evaluación del rendimiento

PROYECTO DEL CAPÍTULO 1

Para terminar

Presenta tu proyecto Ahora estás listo para presentar tu bitácora, tu mapa y tus dibujos. Éstas son algunas sugerencias para graficar tus datos: hora de la salida de la Luna en cada fecha; qué tan seguido viste la Luna en cada punto cardinal; cuántas veces viste la Luna en una hora específica. Realiza las gráficas. Discute con tus compañeros cualquier patrón que hayas descubierto. Con tus compañeros, pronostica cuándo y dónde puede verse la Luna.

Reflexiona y anota En tu diario, escribe sobre la parte más fácil y la más difícil de este proyecto. ¿Qué harías de otro modo si observaste la Luna durante otro mes? ¿Qué observaciones suprimirías? ¿Por qué?

Participa

En tu escuela Puedes hacer tu propia versión animada de las fases lunares haciendo un kinescopio. Haz un dibujo de la Luna para cada día del mes. Únelos para formar un cuadernillo. Ahora usa tu kinescopio para mostrar a los estudiantes de grados inferiores cómo cambian las fases lunares a lo largo del mes.

CAPÍTULO

2 El sistema solar

Esta concepción artística
muestra el *Cassini* al
aproximarse a los anillos
de Saturno, en el 2004.

Lo que encontrarás

SECCIÓN
1 Observar el sistema
solar

Descubre **¿Cómo afectan masa y
velocidad el movimiento de un objeto?**
Inténtalo **Dibuja una elipse**

SECCIÓN
2 El Sol

Descubre **¿Cómo puedes observar el Sol
sin peligro?**
Inténtalo **Ve las manchas solares**
Laboratorio real **Tormentas solares**

SECCIÓN
3 Los planetas interiores

Descubre **¿Cómo se ve Marte desde la
Tierra?**
Mejora tus destrezas **Graficar**
Inténtalo **A control remoto**

Modelo del sistema solar

Si pudieras manejar desde la Tierra al Sol a 100 kilómetros por hora, tardarías 170 años en llegar. ¡Y la mayoría de las distancias en el sistema solar son aún más largas! La sonda espacial *Cassini* salió de la Tierra con rumbo a Saturno en 1997, y aunque viaja a una velocidad mucho más rápida que la de un auto, no llegará a los anillos de Saturno sino hasta el 2004. Los tamaños en el sistema solar también suelen ser enormes. Comparada con algunos de los otros planetas del sistema solar, la Tierra es muy pequeña. Por ejemplo, el diámetro de Saturno es diez veces mayor que el de la Tierra.

En este capítulo, conocerás muchos de los objetos del sistema solar. Para ayudarte a entender las distancias y los tamaños enormes, diseñarás tres modelos a escala distintos del sistema solar.

Tu objetivo Diseñar modelos a escala del sistema solar.

Para completar este proyecto:
- ◆ diseñarás un modelo para representar la distancia de los planetas del Sol
- ◆ diseñarás un modelo para representar los tamaños de los planetas relativos al Sol
- ◆ probarás escalas diferentes para saber si puedes usar la misma escala para tamaño y distancia en el mismo modelo

Para empezar Empieza por observar las tablas de distancias y diámetros en las páginas 63 y 71. Comparte ideas con un grupo de compañeros sobre cómo pueden construir sus modelos. Prepara una hoja de datos para anotar sus cálculos de las distancias y diámetros a escala.

Comprueba tu aprendizaje Estarás trabajando en este proyecto en la medida que estudias este capítulo. Para ayudarte con el proyecto, busca las secciones Comprueba tu aprendizaje en las siguientes páginas.

Repaso de la Sección 1, página 55: Diseña un modelo para representar distancias.

Repaso de la Sección 3, página 69: Diseña un modelo para representar diámetros.

Repaso de la Sección 4, página 77: Diseña un modelo a escala que represente tamaños y distancias.

Para terminar Al final del capítulo (pág. 91), presentarás tu diseño a la clase.

SECCIÓN 4 Los planetas exteriores

Descubre **¿Qué tan grandes son los planetas exteriores?**
Inténtalo **Modela Saturno**
Laboratorio de destrezas **Viaje alrededor del Sol**

SECCIÓN 5 Cometas, asteroides y meteoros

Descubre **¿Hacia dónde apuntan las caudas de los cometas?**

Integrar las ciencias de la vida

SECCIÓN 6 ¿Hay vida más allá de la Tierra?

Descubre **¿Está viva o no la levadura?**
Mejora tus destrezas **Comunicar**

SECCIÓN 1 Observar el sistema solar

DESCUBRE ACTIVIDAD

¿Cómo afectan masa y velocidad el movimiento de un objeto?

1. Pide a un compañero que empuje un camión de juguete en la mesa hacia ti. Detén el camión con las manos.

2. Repite el Paso 1, pero pide a tu compañero que empuje el camión más rápido. Comparado con el Paso 1, ¿era más fácil o más difícil detener el camión?

3. Ahora, coloca una piedra u otros objetos pesados en el camión y repite el Paso 1. Tu compañero debe empujar el camión con la misma velocidad que en el Paso 1. ¿Qué tan difícil fue detener el camión comparado con el Paso 1?

4. Repite el Paso 2 con las piedras en el camión. ¿Qué tan difícil fue detener el camión esta vez?

Reflexiona sobre
Predecir ¿Qué tan difícil sería detener el camión si tu compañero lo empujara más despacio? ¿Y si agregaras mayor masa al camión?

GUÍA DE LECTURA

◆ ¿Qué diferencia hay entre la descripción heliocéntrica y la geocéntrica del sistema solar?

◆ ¿Qué descubrió Kepler sobre las órbitas de los planetas?

◆ ¿Cuáles son los dos factores que mantienen a los planetas en sus órbitas?

Sugerencia de lectura A medida que leas, haz una lista de las evidencias que apoyan el sistema heliocéntrico.

¿Alguna vez te has acostado afuera en una noche estrellada, viendo hacia arriba? Mientras ves, parece que las estrellas atraviesan el cielo. Parece que el cielo está girando encima de tu cabeza. De hecho, desde el hemisferio norte, parece que el cielo gira completamente alrededor de Polaris, la Estrella del Norte, una vez cada noche.

Ahora piensa en lo que ves todos los días. Durante el día, parece que el Sol atraviesa el cielo. Desde aquí de la Tierra, parece como si la Tierra se quedara estacionaria y que el Sol, la Luna y las estrellas se movieran alrededor de la Tierra. Pero ¿realmente se mueve el cielo? Hace siglos, antes de los transbordadores espaciales y antes de los telescopios, no era fácil comprobarlo.

Figura 1 Esta foto se realizó al exponer la película fotográfica durante varias horas. Cada estrella aparece como parte de un círculo, y todas las estrellas parecen girar alrededor de un punto único.

Estrellas errantes

Cuando los antiguos griegos observaban cómo las estrellas atravesaban el cielo, notaron que los patrones de la mayoría de las estrellas no cambiaban. Aunque las estrellas parecían moverse, se quedaban en la misma posición en relación con las demás. Por ejemplo, las constelaciones mantenían las mismas formas noche tras noche, año tras año.

Al observar el cielo con mayor atención, los griegos notaron algo sorprendente. Había cinco puntos de luz que parecían viajar entre las estrellas. Los griegos llamaron a estos objetos *planetas*, de la palabra griega que significa "estrella errante". Los griegos hicieron observaciones muy cuidadosas de los movimientos de los cinco planetas que podían ver. Tú conoces estos planetas con los nombres que los antiguos romanos les dieron después: Mercurio, Venus, Marte, Júpiter y Saturno.

Ideas griegas: la Tierra al centro

Cuando ves el cielo, casi puedes imaginar que estás bajo un domo que gira, con las estrellas pegadas a él. Los griegos pensaban que estaban dentro de un domo que giraba, y lo llamaban la esfera celeste. La mayoría de los astrónomos griegos pensaba que el universo era perfecto y no cambiable, y que la Tierra estaba estacionaria en el centro de la esfera celeste. Como *geo* es la palabra griega para tierra, una explicación con la Tierra al centro se llama un **sistema geocéntrico. En un sistema geocéntrico, la Tierra está al centro de los planetas que giran.**

En 140 d.C. el astrónomo griego Ptolomeo explicó que el movimiento de los planetas es otro. Como los griegos anteriores, Ptolomeo pensó que la Tierra estaba al centro del sistema planetario. Ptolomeo también pensó que la Luna, Mercurio, Venus, el Sol, Marte, Júpiter y Saturno giraban alrededor de la Tierra.

Sin embargo, según la explicación de Ptolomeo, los planetas se mueven en círculos pequeños, los cuales se mueven en círculos más grandes. Ptolomeo pensó que esto explicaba por qué los planetas parecen viajar a distintas velocidades, e incluso hacia atrás, entre las estrellas. Durante los siguientes 1,400 años, la gente creyó que las ideas de Ptolomeo eran correctas.

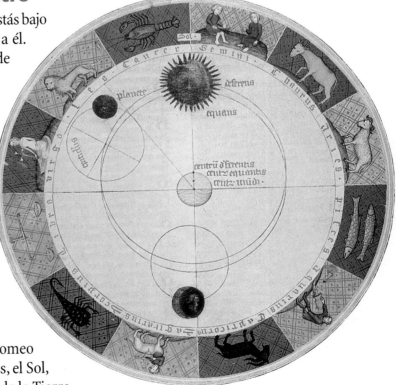

Figura 2 En el siglo XVI, en un libro de astronomía se publicó esta ilustración del sistema de Ptolomeo. *Interpretar diagramas En esta ilustración, ¿dónde se ubica la Tierra?*

☑ *Punto clave* ¿Qué es un sistema geocéntrico?

La idea de Copérnico: el Sol al centro

Al principio del siglo XVI, el astrónomo polaco Nicolás Copérnico desarrolló otra explicación para los movimientos de los planetas. Copérnico pensó que el Sol estaba en el centro del sistema planetario. Su sistema con el Sol al centro se llama un sistema **heliocéntrico.** *Helios* significa "sol" en griego. **En un sistema heliocéntrico, la Tierra y los otros planetas giran alrededor del Sol.** La explicación de Copérnico incluía los seis planetas entonces conocidos: Mercurio, Venus, Tierra, Marte, Júpiter y Saturno.

Las observaciones de Galileo

En los siglos XVI y XVII, la mayoría de la gente creía en la explicación geocéntrica de Ptolomeo. Sin embargo, el astrónomo italiano Galileo Galilei, que vivió casi 100 años después de Copérnico, pensó que la explicación heliocéntrica era la correcta.

Recuerda que en el Capítulo 1 se dijo que Galileo fue el primer científico en usar un telescopio para ver los objetos en el cielo. Así hizo dos descubrimientos que apoyaban el modelo heliocéntrico. Primero, vio cuatro lunas girando alrededor de Júpiter. Tales observaciones mostraron que no todo en el cielo giraba alrededor de la Tierra.

Las observaciones de Galileo de Venus también apoyaban el sistema heliocéntrico de Copérnico. Galileo descubrió que Venus tiene fases similares a las de la Luna. Consideró que las fases de Venus no se podían explicar si la Tierra estuviera al centro del sistema. Entonces, Ptolomeo no podía estar en lo correcto.

Poco a poco, la evidencia de Galileo convenció a los demás de que la explicación de Copérnico era correcta. Hoy en día, hablamos del "sistema solar" y no del "sistema de la Tierra". Esto muestra que la gente ha aceptado la idea de Copérnico de que el Sol está al centro.

☑ *Punto clave* *¿Cuáles fueron los dos descubrimientos de Galileo que apoyaron la descripción heliocéntrica del sistema solar?*

Brahe y Kepler

Copérnico y Galileo habían identificado correctamente al Sol como el centro del sistema planetario. Pero Copérnico y Ptolomeo pensaban que las órbitas de los planetas eran círculos.

Las ideas de Copérnico se basaban en las observaciones de los antiguos griegos. Al final del siglo XVI, Tycho Brahe, un astrónomo danés, hizo observaciones mucho más precisas. Brahe observó con atención las posiciones de los planetas durante casi 20 años.

Figura 3 Desde este observatorio, Tycho Brahe hizo observaciones precisas de los planetas durante casi 20 años. Muchos descubrimientos importantes se basan en sus datos.

En 1600, Juan Kepler se dispuso a trabajar para analizar los datos de Brahe. Kepler trató de descubrir la forma de las órbitas de los planetas. Al principio, asumió que las órbitas son círculos. Pero cuando quiso hallar la órbita exacta de Marte, sus observaciones no coincidían con ningún círculo.

Kepler había descubierto que la órbita de cada planeta es una elipse. Una **elipse** es un círculo alargado u ovalado. Kepler descubrió que si tomaba la órbita de Marte como una elipse, sus cálculos coincidían más con las observaciones de Brahe.

Inercia y gravedad

Kepler había descubierto la forma correcta de las órbitas de los planetas. Pero no podía explicar por qué los planetas se mantenían en órbita. El trabajo del científico inglés Isaac Newton proporcionó la respuesta a ese acertijo. **Newton concluyó que la combinación de dos factores —inercia y gravedad— mantiene a los planetas en órbita.**

Galileo había descubierto que un objeto en movimiento sigue en movimiento hasta que alguna fuerza actúa para detener su movimiento. La tendencia de un objeto en movimiento de continuar en una línea recta y de un objeto estacionario a quedarse en su lugar es la **inercia** del objeto. Cuanto más masa tenga un objeto, más inercia tiene. Como aprendiste en la actividad Descubre, un objeto con mayor inercia es más difícil de empujar o detener.

Newton continuó el trabajo de Galileo. En la última etapa de su vida, contó cómo, en 1665, una manzana que caía de un árbol lo llevó a formular esta hipótesis: la misma fuerza que jala la manzana al suelo jala la Luna hacia la Tierra. Esta fuerza, llamada gravedad, atrae a todos los objetos entre sí. La fuerza de gravedad depende de las masas de los objetos y la distancia entre ellos.

INTÉNTALO

Dibuja una elipse ACTIVIDAD

Puedes dibujar una elipse.

1. Con cuidado, coloca dos tachuelas a una distancia de alrededor de 10 cm en una hoja de papel blanco encima de un cartón corrugado.

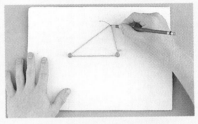

2. Amarra los extremos de un cordel de 30 cm. Coloca el cordel alrededor de las tachuelas.

3. Manteniendo el cordel estirado, traza con un lápiz dentro del cordel.

4. Ahora, coloca las tachuelas a una distancia de 5 cm. Repite el Paso 3.

Predecir ¿Cómo afecta la forma de la elipse cambiar la distancia entre las tachuelas? ¿Qué forma dibujarías si sólo usaras una tachuela?

Figura 4 Newton fue un hombre de muchos logros. Entre ellos, inventó este telescopio.

Mercurio 58,000,000 km
Venus 108,000,000 km
Tierra 150,000,000 km
Marte 228,000,000 km

Júpiter
778,000,000 km

Saturno
1,427,000,000 km

Newton pensó que la Tierra sigue atrayendo a la Luna debido a la gravedad. Al mismo tiempo, la Luna sigue avanzando debido a su inercia. Como la Tierra se mueve cuando la Luna cae hacia ella, la Luna termina en órbita alrededor de la Tierra.

De la misma manera, los planetas están en órbita alrededor del Sol porque la gravedad del Sol los jala, mientras su inercia los mantiene en movimiento hacia delante. Por eso, los planetas siguen en movimiento alrededor del Sol y terminan en órbita.

Fuerza de gravedad

Planeta

Órbita real

Movimiento del
planeta sin gravedad

Figura 5 Si no existiera la fuerza de gravedad, un planeta viajaría en línea recta debido a su inercia. Pero como la gravedad jala al planeta hacia el Sol, en realidad el planeta viaja en una órbita elíptica alrededor del Sol. *Interpretar diagramas* ¿Qué pasaría si un planeta no tuviera inercia?

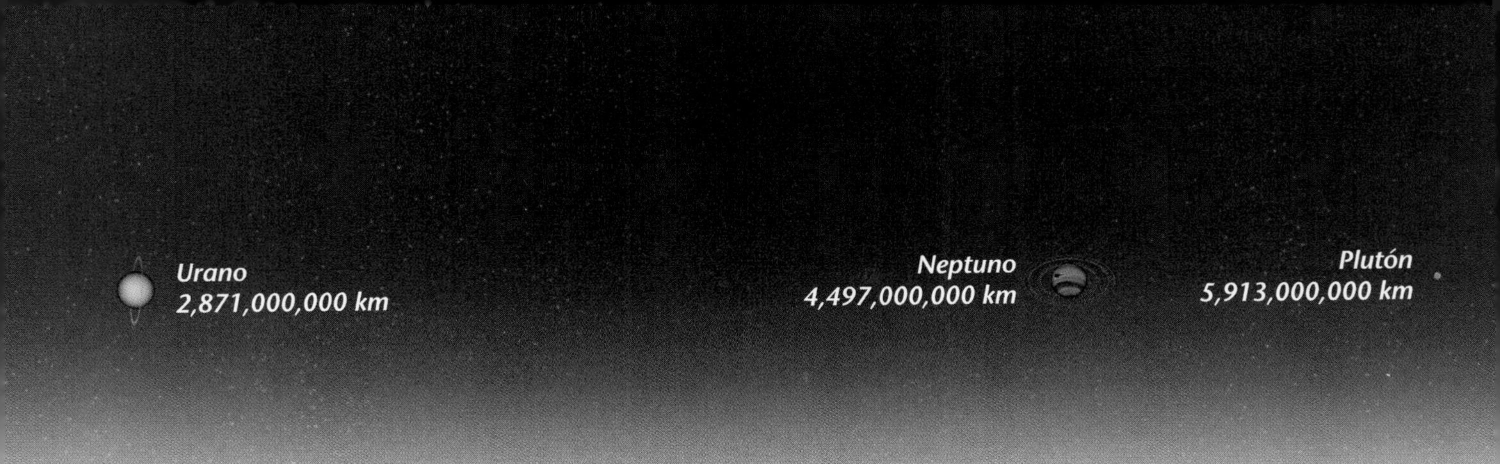

Urano
2,871,000,000 km

Neptuno
4,497,000,000 km

Plutón
5,913,000,000 km

Figura 6 Esta ilustración muestra la distancia promedio que hay entre cada planeta y el Sol. Los tamaños de los planetas no se muestran a escala.

Más por descubrir

Desde la época de Newton, nuestros conocimientos acerca del sistema solar se han incrementado de manera considerable. Newton conocía los mismos seis planetas que conocían los antiguos griegos: Mercurio, Venus, Tierra, Marte, Júpiter y Saturno. Hoy en día, los astrónomos conocen tres planetas más: Urano, Neptuno y Plutón. Los astrónomos también han identificado muchos otros objetos del sistema solar, como los cometas y asteroides, de los que aprenderás más en este capítulo.

Galileo y Newton usaron telescopios en la Tierra para observar el sistema solar. Los astrónomos todavía usan los telescopios en la Tierra, pero también han hecho observaciones de cerca de los planetas desde los exploradores espaciales que viajan muy lejos por el sistema solar. Nuestro conocimiento del sistema solar continúa cambiando día tras día. ¡Quién sabe qué nuevos descubrimientos se harán mientras vivas!

Repaso de la sección 1

1. ¿Qué diferencia hay entre la descripción del sistema de planetas de Copernico y la de Ptolomeo?
2. ¿Cómo ayudaron las observaciones de las lunas de Júpiter a mostrar que la explicación geocéntrica es incorrecta?
3. ¿Qué forma tienen las órbitas de los planetas? ¿Cómo se descubrió la forma de las órbitas?
4. ¿Cuáles son los dos factores que actúan en conjunto para mantener a los planetas en órbita alrededor del Sol?
5. **Razonamiento crítico Aplicar los conceptos** La gente normalmente dice que el Sol sale por el este, atraviesa el cielo y se pone por el oeste. ¿Es ésta la explicación correcta? Explica tu respuesta.

PROYECTO DEL CAPÍTULO 2

Comprueba tu aprendizaje

Empieza por hacer una tabla que muestre las distancia de los planetas al Sol. Para ayudarte a visualizar el sistema solar, puedes reducir todas las distancias en la misma proporción: por ejemplo, divide todas las distancias entre 100,000 o 1,000,000. Puedes usar los números resultantes más pequeños para diseñar un modelo a escala del sistema solar. Anota tus cálculos en tu hoja de datos. Ahora, escoge una escala distinta y repite tus cálculos. ¿Con qué escala es más fácil ver las distancias relativas entre los planetas y el Sol?

¿Cómo puedes observar el Sol sin peligro?

1. Sujeta unos binoculares a un soporte de anillo.

2. Recorta un círculo en una hoja de cartulina delgada de 20 por 28 cm para que cubra los binoculares, como se muestra en la foto. La cartulina debe cubrir una de las lentes, y permitir el paso de la luz por la otra. Fija la cartulina con cinta adhesiva. **PRECAUCIÓN:** *Nunca veas directamente al Sol. Si lo haces, podrías lastimarte los ojos.*

3. Usa los binoculares para proyectar una imagen del Sol en una hoja de papel blanco. La cartulina sombreará la hoja blanca. Cambia el enfoque y mueve la hoja de un lado a otro hasta obtener una imagen clara.

Reflexiona sobre

Observar Dibuja lo que ves en la hoja. ¿Qué ves en la superficie del Sol?

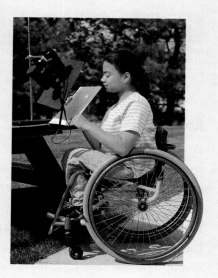

GUÍA DE LECTURA

◆ ¿Cómo obtiene energía el Sol?

◆ ¿Cuáles son las capas de la atmósfera del Sol?

◆ ¿Cuáles son algunas características de la superficie del Sol?

Sugerencia de lectura Al leer, escribe un enunciado para definir los términos en negritas en tus propias palabras.

La gravedad del Sol es por mucho la fuerza más poderosa del sistema solar, lo suficientemente fuerte para mantener a todos los planetas y asteroides en órbita. La gravedad del Sol es tan fuerte porque su masa es demasiado grande. De hecho, el 99.8 por ciento de la masa del sistema solar se encuentra en el Sol.

Como la Tierra, el Sol tiene un interior y una atmósfera. Sin embargo, a diferencia de la Tierra, el Sol no tiene una superficie sólida. El Sol es una bola de gas incandescente. Alrededor de tres cuartas partes de la masa del Sol son hidrógeno, el otro cuarto es helio y muy pequeñas cantidades de otros elementos.

El interior del Sol

El interior del Sol es como un horno gigante. Como los hornos en las casas, el Sol produce energía. Pero el Sol no obtiene su energía de combustibles como el petróleo. **La energía del Sol proviene de la fusión nuclear.** En el proceso de **la fusión nuclear,** átomos de hidrógeno se combinan para formar helio. La fusión nuclear sólo ocurre bajo condiciones de temperatura y presión extremadamente altas. La temperatura en el núcleo o centro del Sol llega aproximadamente a 15 millones de grados Celsius, lo suficientemente alta para que ocurra la fusión nuclear.

La masa total del helio producido por la fusión nuclear es un poco menor que la masa total del hidrógeno que lo produce. La masa que desaparece se convierte en energía, incluyendo luz y calor. La luz y el calor gradualmente se mueven del centro del Sol a su atmósfera y se escapan al espacio. Una parte de esta luz y calor llega a la Tierra, y es la fuente principal de energía de la Tierra.

Hay suficiente hidrógeno combustible en el núcleo del Sol para durar un total de 10 mil millones de años. Actualmente, el Sol sólo tiene alrededor de 5 mil millones de años de existencia, así es que no debemos preocuparnos porque el Sol se extinga pronto.

☑ *Punto clave* *¿En qué parte del Sol ocurre la fusión nuclear?*

La atmósfera del Sol

La atmósfera del Sol tiene tres capas: la fotosfera, la cromosfera y la corona. No hay divisiones entre las capas del Sol.

La fotosfera La capa interior de la atmósfera del Sol se llama **fotosfera.** La palabra griega *foto* significa "luz", así que *fotosfera* significa esfera que produce luz. Cuando ves una imagen o fotografía del Sol, estás viendo la fotosfera.

La cromosfera Durante un eclipse solar total, la Luna bloquea la luz de la fotosfera. La fotosfera ya no produce el reflejo que impide que veamos las capas exteriores tenues del Sol. Al principio y al final de un eclipse total, puedes ver un brillo rojizo justo alrededor de la fotosfera. El brillo viene de la capa de en medio de la atmósfera del Sol, la **cromosfera.** La palabra griega *cromo* significa "color", por lo que la cromosfera es la "esfera de color".

La corona En medio de un eclipse solar total, la Luna también obstruye la luz de la cromosfera. En estos momentos, una capa aun más tenue del Sol se vuelve visible, como puedes ver en la Figura 7. Esta capa exterior, que se ve como un halo blanco alrededor del Sol, se llama corona, de la palabra en latín. Desde la superficie de la Tierra, la **corona** sólo es visible durante los eclipses o desde telescopios especiales. Pero los astrónomos pueden usar telescopios en el espacio para observar la corona todo el tiempo y estudiar cómo cambia.

Figura 7 Durante un eclipse solar total, puedes ver la luz de la corona, la capa exterior de la atmósfera del Sol. *Inferir ¿Por qué es más fácil tomar fotografías de las capas exteriores del Sol durante un eclipse solar?*

Ve las manchas solares

ACTIVIDAD

Puedes observar los cambios en el número de manchas solares.

1. Haz una tabla de datos para anotar el número de manchas solares que ves cada día.

2. Decide en una hora para buscar las manchas solares cada día.

3. Observa el Sol como se describe en la actividad. Descubre. **PRECAUCIÓN:** *Nunca veas directamente al Sol para no lastimarte los ojos.*

4. Anota tus observaciones.

Interpretar datos ¿Cuánto cambió el número de manchas solares de un día a otro?

La corona emite una corriente de partículas cargadas con electricidad, llamada **viento solar.** Normalmente, la atmósfera de la Tierra y el campo magnético bloquean estas partículas. Sin embargo, cerca de los polos Norte y Sur, las partículas pueden penetrar la atmósfera de la Tierra, donde chocan con moléculas de gas y las hacen brillar. De esto resulta la aparición de unas como cortinas ondeadas de luz en el cielo que se llaman auroras.

☑ *Punto clave* ¿Durante qué evento podrías ver la corona del Sol?

Las características del Sol

Durante cientos de años, los científicos han usado telescopios para ver el Sol. (Para protegerse los ojos, proyectaban el Sol sobre una superficie blanca, como en la actividad Descubre.) Las manchas oscuras que veían en la superficie del Sol llegaron a conocerse como manchas solares. Las manchas parecen moverse por la superficie del Sol, lo que demuestra que el Sol gira sobre su propio eje, igual que la Tierra. Las **características de la superficie del Sol incluyen manchas solares, protuberancias y destellos solares.**

Manchas solares Como puedes ver en la Figura 8, las manchas solares se ven como pequeñas áreas oscuras en la superficie del Sol. De hecho, pueden ser tan grandes como la Tierra. **Las manchas solares** son áreas de gas que están menos calientes que los gases a su alrededor. Los gases menos calientes no emiten tanta luz como los gases más calientes, por eso las manchas solares se ven más oscuras que el resto de la fotosfera.

Figura 8 Las manchas solares son áreas de gas en el Sol que están menos calientes que el gas a su alrededor. Cada una de las manchas solares en estas fotos tiene aproximadamente el mismo tamaño que la Tierra.

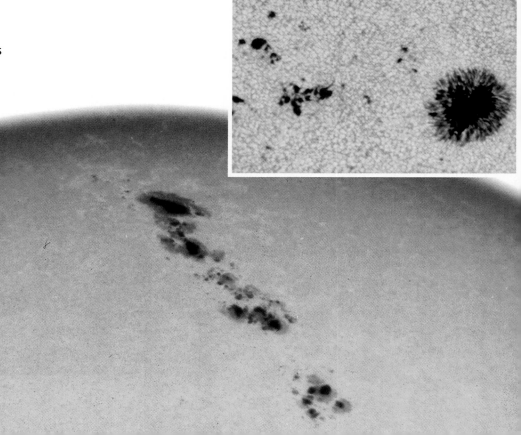

El número de manchas solares varía en un periodo de 10 u 11 años. Algunos científicos han formulado la hipótesis de que los cambios de clima a corto plazo en la Tierra pueden estar relacionados con los ciclos de las manchas solares. Recientemente, los satélites han recopilado datos que muestran que la cantidad de energía producida por el Sol cambia ligeramente de un año a otro. Algunos científicos piensan que estos incrementos y decrementos, que pueden tener relación con el número de manchas solares, pueden causar cambios en la temperatura de la Tierra. Los científicos necesitan hacer más observaciones para demostrar esta hipótesis.

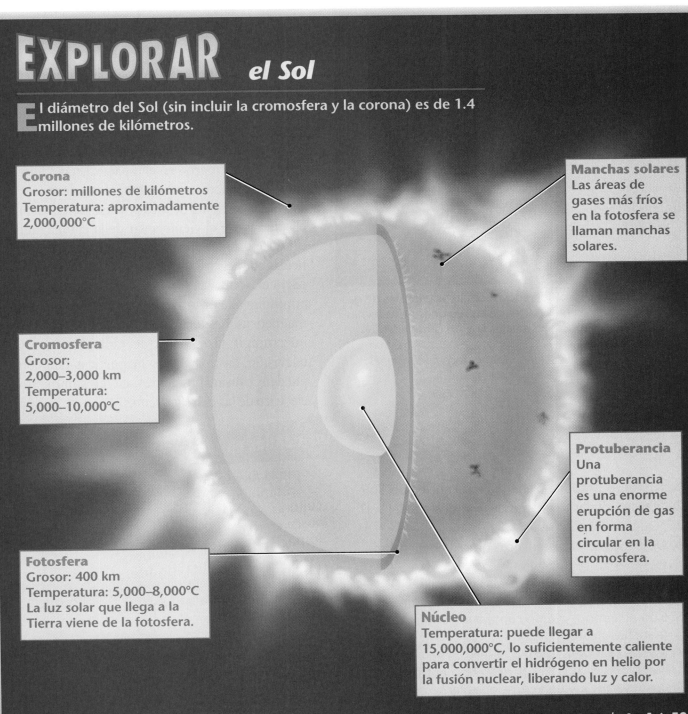

EXPLORAR *el Sol*

El diámetro del Sol (sin incluir la cromosfera y la corona) es de 1.4 millones de kilómetros.

Corona
Grosor: millones de kilómetros
Temperatura: aproximadamente 2,000,000°C

Manchas solares
Las áreas de gases más fríos en la fotosfera se llaman manchas solares.

Cromosfera
Grosor: 2,000–3,000 km
Temperatura: 5,000–10,000°C

Protuberancia
Una protuberancia es una enorme erupción de gas en forma circular en la cromosfera.

Fotosfera
Grosor: 400 km
Temperatura: 5,000–8,000°C
La luz solar que llega a la Tierra viene de la fotosfera.

Núcleo
Temperatura: puede llegar a 15,000,000°C, lo suficientemente caliente para convertir el hidrógeno en helio por la fusión nuclear, liberando luz y calor.

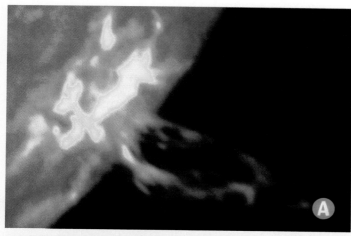

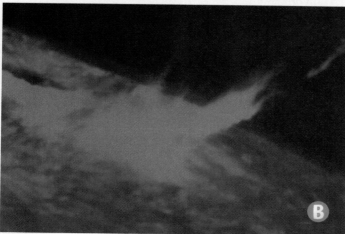

Figura 9 **A.** Las protuberancias son arcos enormes de gas que unen las diferentes partes de las regiones de manchas solares. **B.** Las erupciones solares liberan cantidades grandes de energía. *Relacionar causa y efecto ¿Cómo pueden las erupciones solares afectar las comunicaciones en la Tierra?*

Protuberancias Las manchas solares suelen ocurrir en pares o grupos. Los arcos rojizos de gas llamados **protuberancias** enlazan las partes distintas de las regiones de manchas solares. Cuando un grupo de manchas solares está cerca de la orilla del Sol que vemos desde la Tierra, estos arcos pueden sobresalir de la orilla del Sol. Si un eclipse esconde la fotosfera del Sol, los astrónomos pueden ver estos arcos. Las protuberancias tienen aproximadamente la misma temperatura que la cromosfera del Sol: aproximadamente 10,000 grados Celsius.

Erupciones solares A veces, las burbujas en las regiones de manchas solares se unen repentinamente, liberando grandes cantidades de energía. La energía calienta el gas del Sol a millones de grados Celsius, que resulta en la explosión del gas de hidrógeno en el espacio. Estas explosiones se conocen como **erupciones solares**.

Las erupciones solares pueden incrementar en gran parte el viento solar de la corona, que produce un incremento en la cantidad de partículas que llegan a la atmósfera de la Tierra. Estas partículas de viento solar pueden afectar la atmósfera alta de la Tierra, causando tormentas magnéticas. Las tormentas magnéticas pueden interrumpir las señales de radio, teléfono y televisión. Las tormentas magnéticas también pueden causar problemas en el suministro eléctrico de las casas y oficinas.

Repaso de la sección 2

1. ¿Cómo se produce la energía en el núcleo del Sol?
2. ¿Cuáles son las tres capas de la atmósfera del Sol?
3. ¿Qué es el viento solar?
4. Describe tres características que se encuentran en la superficie del Sol.
5. ¿Por qué se ven más oscuras las manchas solares que el resto de la fotosfera del Sol?
6. Con el tiempo, ¿cómo cambia el número de manchas solares?
7. **Razonamiento crítico** **Comparar y contrastar** ¿Cuál es la diferencia entre una protuberancia y una erupción solar?

Las ciencias en casa

Como la fuente de luz y calor, el Sol es un símbolo importante en muchas culturas. Con los miembros de tu familia, busca en tu casa y sus alrededores ilustraciones del Sol en anuncios, banderas, ropa y obras de arte. ¿Qué partes de la atmósfera del Sol aparecen? Describe a tu familia las capas de la atmósfera del Sol.

TORMENTAS SOLARES

Problema

¿Cómo se relacionan las tormentas magnéticas en la Tierra con la actividad de las manchas solares?

Enfoque en las destrezas

graficar, interpretar datos

Materiales

hojas cuadriculadas   lápiz   regla

Procedimiento

1. Usa los datos de la tabla para hacer una gráfica de la actividad de las manchas solares de 1967 a 1997.
2. En la gráfica, identifica el eje x como "Año". Usa una escala con intervalos de 2 años, de 1967 a 1997.
3. Identifica el eje y como "Número promedio de manchas solares". Usa una escala de 0 a 160, a intervalos de 10.
4. Indica con un punto el número promedio de manchas solares de cada año.
5. Completa tu gráfica al dibujar líneas para unir los puntos.

Analizar y concluir

1. Con base en tu gráfica, ¿qué años tuvieron el número promedio más alto de manchas solares? ¿El número promedio más bajo de manchas solares?
2. ¿Con qué frecuencia se repite el ciclo de actividad máxima y mínima?
3. ¿Cuándo fue la actividad máxima más reciente? ¿La actividad mínima más reciente?
4. Compara tu gráfica de manchas solares con la gráfica de tormentas magnéticas. ¿Qué relación puedes inferir entre los periodos de mucha actividad de manchas solares y tormentas magnéticas? Explica tu respuesta.
5. **Aplicar** ¿Durante qué años crees que fueron más comunes las alteraciones eléctricas en la Tierra?

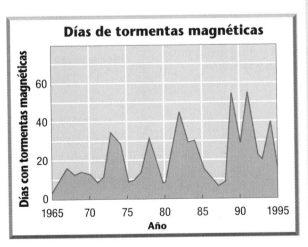

Días de tormentas magnéticas

Explorar más

Usa el patrón de actividad de manchas solares que hallaste para predecir el número de picos que esperas durante los siguientes 30 años. ¿En qué años esperas que ocurran los picos?

Manchas solares

Año	Promedio de manchas solares	Año	Promedio de manchas solares
1967	93.8	1983	66.6
1969	105.0	1985	17.9
1971	66.6	1987	29.4
1973	38.0	1989	157.6
1975	15.5	1991	145.7
1977	27.5	1993	54.6
1979	155.4	1995	17.5
1981	140.4	1997	23.4

3 Los planetas interiores

DESCUBRE

¿Cómo se ve Marte desde la Tierra?

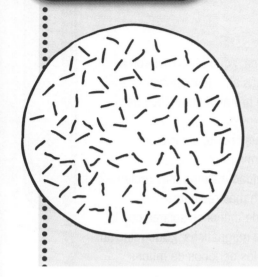

1. Trabaja con un compañero. En una hoja de papel, traza un círculo de 20 cm para representar Marte. Dibuja alrededor de 100 líneas pequeñas, cada una de 1 cm, al azar en medio del círculo.

2. Pide a tu compañero que vea tu dibujo de Marte desde el otro lado del salón. Él debe dibujar lo que ve.

3. Compara tu dibujo original con el dibujo de tu compañero. Después, observa tu propio dibujo desde el otro lado del salón.

Reflexiona sobre

Observar ¿Dibujó tu compañero unas líneas de conexión que realmente no estaban en tu dibujo? ¿Qué puedes concluir acerca de la precisión de las descripciones de los otros planetas que se observan desde la Tierra?

GUÍA DE LECTURA

◆ ¿Cuáles son las características principales de los planetas interiores?

Sugerencia de lectura Al leer sobre cada planeta, anota las similitudes y diferencias entre ese planeta y la Tierra.

¿Dónde podrías encontrar un planeta con una superficie lo suficientemente caliente para fundir plomo? ¿Un planeta cuya atmósfera casi ya no existe debido a una fuga? ¿Un planeta con volcanes más altos que los de la Tierra? ¿Y qué tal un planeta con océanos repletos de peces y otras formas de vida? Éstas son las descripciones de los cuatro planetas más cercanos al Sol, conocidos como los planetas interiores.

La Tierra y los otros tres planetas interiores —Mercurio, Venus y Marte— se parecen más entre sí que a los tres planetas exteriores. **Los cuatro planetas interiores son pequeños y tienen suelos rocosos.** Estos planetas también se llaman los **planetas telúricos**, de la palabra latina *tellus*, que significa "Tierra". Hay un resumen de la información de los planetas interiores en la Figura 10.

La Tierra

La atmósfera de nuestro planeta se extiende más de 100 kilómetros arriba de la superficie de la Tierra. El oxígeno que necesitas para vivir conforma alrededor del 20 por ciento de los gases en la atmósfera de la Tierra. Casi todo lo demás es gas de nitrógeno, con una cantidad pequeña de dióxido de carbono. La atmósfera de la Tierra también contiene vapor de agua y nubes de gotitas de agua. Desde el espacio, los astronautas normalmente pueden ver la superficie de la Tierra a través de las nubes.

La mayor parte de la Tierra, alrededor del 70 por ciento, está cubierta de agua. Tal vez el planeta debería tener el nombre de "Agua" en vez de "Tierra". Ningún otro planeta de nuestro sistema solar tiene océanos como la Tierra.

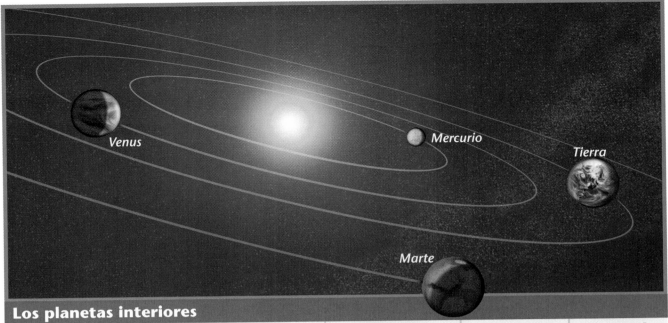

Los planetas interiores

Planeta	Diámetro (kilómetros)	Periodo de rotación (Días terrestres)	Distancia promedio al Sol (kilómetros)	Periodo de traslación (Años terrestres)	Número de lunas
Mercurio	4,878	59	58,000,000	0.24	0
Venus	12,104	243	108,000,000	0.62	0
Tierra	12,756	1	150,000,000	1	1
Marte	6,794	1.03	228,000,000	1.9	2

Figura 10 Los planetas interiores ocupan sólo una pequeña parte del sistema solar. El diámetro del sistema solar entero es más de 25 veces el diámetro de la órbita de Marte.

INTEGRAR LAS CIENCIAS DE LA TIERRA Como puedes observar en la Figura 11, la Tierra tiene tres capas principales: la corteza, el manto y el núcleo. La corteza incluye la superficie sólida rocosa. Debajo de la corteza está el manto, una capa de roca fundida caliente. Cuando los volcanes hacen erupción, este material caliente sube a la superficie. La Tierra tiene un núcleo interior denso, compuesto principalmente de hierro y níquel. El núcleo exterior es líquido, pero el núcleo interior probablemente es sólido.

Durante muchos años, los científicos han estudiado la Tierra. Usan lo que saben de la Tierra para hacer inferencias acerca de los otros planetas. Por ejemplo, cuando los astrónomos encuentran volcanes en otros planetas, infieren que estos planetas tienen o alguna vez tuvieron material caliente en su interior. A medida que aprendan más sobre nuestro propio planeta, los científicos podrán aplicar los conocimientos nuevos al estudio de los otros planetas.

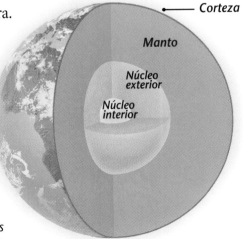

Figura 11 La Tierra tiene una superficie sólida y rocosa. *Interpretar diagramas* *¿Cuáles son las tres capas principales de la Tierra?*

Figura 12 Esta foto de Mercurio y el acercamiento que muestran algunos de sus cráteres fueron tomadas por el explorador espacial *Mariner 10*.

Mercurio

El planeta más cercano al Sol es Mercurio. Mercurio es un poco más grande que la Luna de la Tierra, y no tiene lunas propias. Los astrónomos han podido inferir que el interior de Mercurio está compuesto principalmente de los metales densos hierro y níquel.

Explorar Mercurio Como Mercurio está tan cerca del Sol, las personas en la Tierra nunca lo pueden ver bien. Todos los conocimientos que los astrónomos tienen acerca del suelo de Mercurio provienen de un solo explorador espacial, el *Mariner 10*, de 1974. *Mariner 10* sólo tomó fotografías de la mitad de la superficie de Mercurio, y por eso los astrónomos todavía no saben cómo es la otra mitad.

Las fotografías del *Mariner 10* muestran que Mercurio tiene muchos llanos y muchos cráteres en la superficie, como la Luna. Los cráteres de Mercurio han sido bautizados con nombres de artistas, escritores y músicos, incluyendo a los compositores Bach y Mozart.

La atmósfera de Mercurio Mercurio tiene una atmósfera extremadamente delgada. Aparentemente, los gases que alguna vez tuvo Mercurio se calentaron tanto que empezaron a moverse muy rápidamente. Como se movían tan rápidamente, las partículas de gas se escaparon de la débil gravedad de Mercurio al espacio. Sin embargo, los astrónomos han detectado pequeñas cantidades de sodio y otros gases en la atmósfera de Mercurio.

Mercurio es un planeta extremoso. Está tan cerca del Sol que durante el día, el lado hacia el Sol llega a temperaturas de 450°C. Y como Mercurio casi no tiene atmósfera, todo el calor se escapa al espacio durante la noche. La temperatura baja a −170°C. Por eso, Mercurio tiene un mayor rango de temperatura que cualquier otro planeta del sistema solar.

☑ *Punto clave* *¿Por qué es difícil para los astrónomos aprender acerca de Mercurio?*

Venus

Cuando ves un objeto brillante en el oeste después de la puesta del Sol, probablemente sea Venus. Cuando Venus brilla así, se conoce como "la estrella del atardecer", aunque por supuesto no es una estrella. Las estrellas brillan con su propia luz, y Venus brilla porque refleja la luz del Sol, como brillan los otros planetas y lunas. Otras veces, puedes ver cómo sale Venus antes que el Sol en la mañana. Cuando sucede esto, se conoce como "la estrella de la mañana". Otras veces, Venus está demasiado cerca del Sol, y no se ve desde la Tierra.

Venus es tan parecido a la Tierra en tamaño que a veces se dice que es el gemelo de la Tierra. Los astrónomos también piensan que la densidad y la estructura interna de Venus se parecen a las de la Tierra. Sin embargo, en otros aspectos, Venus es muy diferente a la Tierra.

La rotación de Venus Venus tarda alrededor de 7.5 meses terrestres para completar una vuelta al Sol. Además, tarda alrededor de 8 meses para girar sobre su eje. Venus gira tan lento que su "día" es más largo que su "año". De forma extraña, Venus gira de este a oeste, en la dirección opuesta de la mayoría de los otros planetas y lunas. Este tipo de rotación se llama **rotación retrógrada,** de las palabras latinas "moverse hacia atrás". Una hipótesis propuesta por astrónomos para explicar esta rotación poco usual es que hace billones de años, un objeto muy grande chocó con Venus. Este choque causó el cambio en la dirección de la rotación.

Mejora tus destrezas

Graficar **ACTIVIDAD**

Usa los datos de la Figura 10 en la página 63 para hacer una gráfica de líneas de la distancia promedio al Sol y el periodo de rotación de Mercurio, Venus, la Tierra y Marte. Describe cómo se relacionan las dos variables. Si quieres, puedes agregar los datos sobre Júpiter, Saturno, Urano, Neptuno y Plutón de la Figura 91 en la página 71.

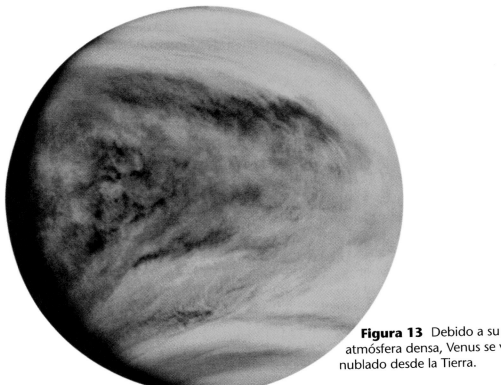

Figura 13 Debido a su atmósfera densa, Venus se ve nublado desde la Tierra.

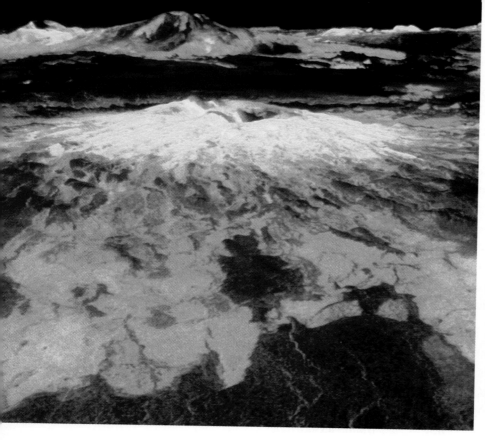

Figura 14 El explorador espacial *Magallanes* usó radar para penetrar las nubes de Venus. Esta imagen tridimensional de un volcán en Venus se creó por computadora, usando los datos del radar. La altura de las montañas está exagerada para que sobresalgan.

La atmósfera de Venus La atmósfera de Venus es tan densa que todos los días son nublados. Nunca hay un día asoleado en Venus. Desde la Tierra, los astrónomos sólo ven la nube lisa que cubre Venus todo el tiempo.

Si te pudieras parar en la superficie de Venus, rápidamente te aplastaría el peso de su atmósfera. La presión de la atmósfera de Venus es 90 veces mayor que la presión de la atmósfera de la Tierra. No podrías respirar en Venus porque su atmósfera es principalmente dióxido de carbono. Además, sus nubes en parte están formadas por ácido sulfúrico.

Como Venus está más cerca del Sol que la Tierra, recibe más energía solar que la Tierra. La luz común del Sol puede penetrar la atmósfera de Venus para llegar a la superficie. La superficie se calienta y emite calor. El dióxido de carbono atrapa este calor en la atmósfera. La superficie de Venus se calienta cada vez más, hasta llegar a cerca de 460°C, lo suficientemente caliente para fundir plomo. Cuando el calor queda atrapado en la atmósfera así, se llama el **efecto invernadero.**

Explorar Venus Un total de 19 naves espaciales han visitado Venus, más que a cualquier otro planeta. Algunas han penetrado las nubes para llegar a la superficie. La primera nave espacial en llegar a la superficie y transmitir información, *Venera 7*, llegó en 1970, pero sólo duró 23 minutos. Las naves espaciales posteriores duraron más tiempo y transmitieron fotos y otros datos de la superficie de Venus.

Los científicos han aprendido la mayoría de lo que saben acerca de la superficie de Venus de los datos recopilados por el explorador *Magallanes*.

El explorador *Magallanes* llegó a Venus en 1990, llevando instrumentos de radar. El radar funciona a través de las nubes, y por eso *Magallanes* pudo registrar toda la superficie de Venus.

Las vistas del *Magallanes* fueron tan detalladas que se pudieron usar computadoras para saber cómo se vería Venus si voláramos por su superficie. La Figura 14 muestra una de estas imágenes de radar. Venus está cubierto de roca, como muchas de las áreas rocosas de la Tierra. Venus tiene volcanes con lava que fluye, muchos cráteres y domos extraños que no se encuentran en otros planetas.

☑ *Punto clave* ¿*Por qué es tan caliente la superficie de Venus?*

Marte

Marte es llamado "el planeta rojo" porque tiene un matiz ligeramente rojizo cuando se observa en el cielo. La atmósfera de Marte es principalmente de dióxido de carbono y sólo tiene 1 por ciento de la presión de la atmósfera de la Tierra. Podrías caminar sobre Marte, pero tendrías que usar un traje hermético y cargar tu propio aire, como los buzos. En Marte hay nubes, pero son muy delgadas comparadas con las de la Tierra.

¿Canales en Marte? En 1877, un astrónomo italiano llamado Giovanni Schiaparelli anunció que había visto líneas rectas largas en Marte. Las llamó *canale*, o canales. En la década de 1890 y a principio del siglo XX, Percival Lowell, un astrónomo estadounidense, convenció a muchas personas de que estas líneas eran canales que habían sido construidos por marcianos inteligentes para transportar agua. Ahora, los astrónomos saben que Schiaparelli y Lowell estaban equivocados. En Marte no hay *canales* que se pueden ver desde la Tierra.

Los astrónomos han descubierto que hay algo de agua en Marte en forma de hielo en su Polo Norte, como se muestra en la Figura 15. A diferencia de las capas de hielo de la Tierra, en el invierno esta capa de hielo polar está cubierta por otra de dióxido de carbono congelado.

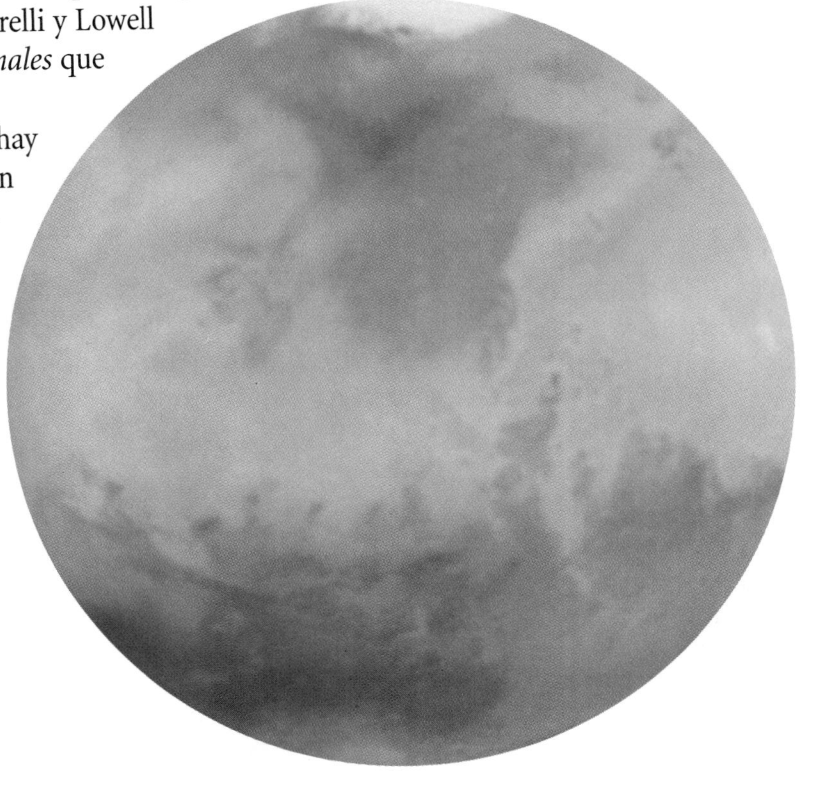

Figura 15 Debido a su atmósfera delgada y su distancia del Sol, Marte es muy frío y tiene una capa de hielo en su polo norte.

INTÉNTALO

A control remoto

¿Qué tan difícil es explorar otro planeta por control remoto?

ACTIVIDAD

1. Usa una hoja de papel y cinta adhesiva para cubrir unas gafas de protección. Pide a tu compañero que se las ponga.

2. Camina detrás de tu compañero y dale indicaciones para caminar a otra parte del salón **PRECAUCIÓN:** *No le des indicaciones a tu compañero para que choque con la pared, se tropiece con algún objeto, ni se golpee.*

3. Cambien papeles y repitan los Pasos 1 y 2.

Inferir ¿Qué indicaciones verbales funcionaron mejor? ¿Qué tan rápido podías moverte? ¿En qué se parece esta actividad a como los ingenieros de la NASA controlaron el viaje *Sojourner* a Marte en 1997? ¿Qué tan rápido crees que se podía mover el módulo?

Las estaciones en Marte Como el eje de Marte está inclinado, Marte tiene estaciones como la Tierra. Cuando las estaciones cambian en la superficie polvosa de Marte, surgen tormentas de viento que mueven el polvo. Como algunas áreas se quedan sin polvo, se ven más oscuras. Hace cien años, algunas personas pensaban que estas áreas se veían más oscuras porque había plantas que crecían allí. Hoy, los astrónomos saben que sólo son áreas sin polvo.

Explorar Marte Estados Unidos ha mandado muchas naves espaciales a Marte. Las primeras, en la década de los 60, parecían mostrar que Marte es estéril y cubierto de cráteres como la Luna. Naves espaciales posteriores mostraron que hay áreas de Marte con volcanes enormes. Los astrónomos ven señales de que material caliente fluyó por los volcanes en el pasado, pero piensan que ahora no están activos.

En 1976, dos exploradores espaciales de la NASA, *Viking 1* y *Viking 2*, llegaron a Marte. Transmitieron acercamientos del suelo de Marte. Las fotos mostraron que las rocas se ven rojas porque están cubiertas de un polvo oxidado. Otras partes de la nave espacial *Viking* se quedaron en órbita alrededor de Marte, transmitiendo fotos detalladas.

En 1997, *Mars Pathfinder* llegó a Marte. Como se ve en la Figura 16, los acercamientos de *Mars Pathfinder* no muestran océanos ni charcos de agua. Las fotografías tomadas desde el espacio muestran evidencia de que fluía agua en el planeta hace millones de años.

Figura 16 El suelo de Marte es áspero y rocoso. El objeto en la parte inferior de la foto es parte del *Mars Pathfinder*. Puedes ver el módulo de control remoto *Sojourner* en medio de la foto.

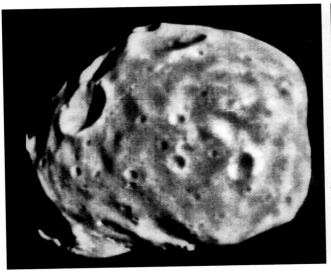

Figura 17 Fobos (izquierda) y Deimos (derecha) son las dos lunas pequeñas de Marte, cubiertas de cráteres.

Mars Pathfinder llevaba un módulo de control remoto del tamaño de un horno de microondas llamado *Sojourner*, que investigaba las rocas en Marte. También en 1997, otro explorador, *Mars Global Surveyor*, llegó a la órbita de Marte, donde empezó a hacer mapas y fotografiar toda la superficie del planeta con detalles.

Las lunas de Marte Marte tiene dos lunas muy pequeñas. Fobos, la más grande, tiene sólo 27 kilómetros de diámetro, aproximadamente la distancia que recorre un auto en la carretera en 15 minutos. Deimos es aún más pequeña, de 15 kilómetros de diámetro. Los acercamientos desde el espacio muestran que, como la Luna de la Tierra, Fobos y Deimos están cubiertas de cráteres.

Repaso de la sección 3

1. ¿Qué características tienen en común todos los planetas interiores?
2. ¿Cómo es la atmósfera de Mercurio? Explica tu respuesta.
3. ¿Por qué los astrónomos pueden ver la superficie de Marte con claridad, pero no la superficie de Venus?
4. ¿Cómo han logrado los astrónomos estudiar la superficie de Venus?
5. ¿Qué evidencia tienen los astrónomos de que alguna vez fluyó agua en Marte?
6. **Razonamiento crítico Relacionar causa y efecto** Venus está mucho más lejos del Sol que Mercurio. Sin embargo, las temperaturas en Venus son tan altas como las del lado soleado de Mercurio. Explica por qué.

Comprueba tu aprendizaje

PROYECTO DEL CAPÍTULO
2

Ahora vas a diseñar un modelo para mostrar los diámetros relativos de los planetas. Usa escalas distintas para hallar una con la cual el planeta más pequeño esté claramente visible, y el Sol quepa dentro del salón. Convierte los diámetros del Sol y de los planetas a diámetros a escala y anota tus resultados en tu hoja de datos. Compara tus diámetros a escala con objetos conocidos, como monedas. Incluye tus comparaciones en tu hoja de datos.

4 Los planetas exteriores

DESCUBRE

Diámetro de los planetas	
Planeta	**Diámetro**
Tierra	1
Júpiter	11
Saturno	9.4
Urano	4.0
Neptuno	3.9
Plutón	0.17

¿Qué tan grandes son los planetas exteriores?

Esta tabla muestra los diámetros de los planetas exteriores comparados con la Tierra.

1. Mide el diámetro de una moneda de 25 centavos en milímetros. Traza la moneda para representar la Tierra.

2. Si la Tierra fuera del tamaño de esta moneda, calcula el tamaño de Júpiter. Ahora dibuja un círculo para representar Júpiter.

3. Repite el Paso 2 para cada uno de los planetas exteriores.

Reflexiona sobre

Clasificar Haz una lista de los planetas en orden del más grande al más pequeño. ¿Cuál es el planeta exterior más grande? ¿Qué planeta exterior es más pequeño que la Tierra?

GUÍA DE LECTURA

◆ ¿Cuáles son las características principales de los planetas gigantes de gas?

◆ ¿En qué se diferencia Plutón de los otros planetas exteriores?

Sugerencia de lectura Antes de leer, observa las fotos y las leyendas en esta sección. Anota las preguntas que tengas. Busca las respuestas a medida que leas.

La mayor parte de lo que saben los astrónomos sobre los planetas exteriores es gracias a las visitas de los exploradores espaciales de la NASA. *Voyager 1* y *Voyager 2* llegaron a Júpiter en 1979 y transmitieron acercamientos del planeta. *Voyager 1* también visitó Saturno en 1980. *Voyager 2* también visitó Saturno, pero siguió para explorar Urano y Neptuno. En 1995, la nave espacial *Galileo* llegó a Júpiter y dejó caer un explorador a la atmósfera de Júpiter.

La estructura de los gigantes de gas

Comparados con la Tierra, algunos planetas son enormes. El diámetro del planeta más grande, Júpiter, es 11 veces el diámetro de la Tierra. La masa de Júpiter es 300 veces la masa de la Tierra. Si pusieras la Tierra junto a Júpiter, la Tierra se vería como un chihuahueño diminuto junto a un gran danés enorme. Si la Tierra tuviera la altura de un estudiante promedio, Júpiter tendría el tamaño de un edificio de seis pisos.

Júpiter y los otros planetas más lejanos del Sol, como se ve en la Figura 19, se llaman los planetas exteriores. **Los primeros cuatro planetas exteriores —Júpiter, Saturno, Urano y Neptuno— son mucho más grandes que la Tierra, y están conformados casi en su totalidad por gases.** Como estos cuatro planetas son tan grandes, también se les llaman los **gigantes de gas**. El quinto planeta exterior, Plutón, es pequeño y rocoso como los planetas telúricos.

Figura 18 Si el chihuahueño representara el tamaño de la Tierra, Júpiter tendría el tamaño del gran danés.

Los planetas exteriores

Planeta	Diámetro (kilómetros)	Periodo de rotación (Días terrestres)	Distancia promedio al Sol (kilómetros)	Periodo de traslación (Años terrestres)	Número de lunas
Júpiter	142,800	0.41	778,000,000	12	17
Saturno	120,540	0.43	1,427,000,000	29	19
Urano	51,200	0.72	2,871,000,000	84	17
Neptuno	49,500	0.67	4,497,000,000	165	8
Plutón	2,200	6.4	5,913,000,000	249	1

Las atmósferas Como los gigantes de gas tienen tanta masa, ejercen una fuerza de gravedad mucho mayor que los planetas telúricos. Como esta gravedad es tan fuerte, los gases de los planetas no se escapan, sino que forman una atmósfera profunda. La composición de sus atmósferas es similar a los gases del Sol. Son alrededor del 75 por ciento hidrógeno, 24 por ciento helio, y 1 por ciento otros elementos.

Ninguno de los planetas tiene una superficie sólida. Si pudieras saltar en paracaídas a la atmósfera de Júpiter, te hundirías en un gas cada vez más denso. Quedarías aplastado por la enorme presión mucho antes de llegar al centro o núcleo del planeta.

Núcleos sólidos Los astrónomos piensan que cada uno de los planetas gigantes tiene un núcleo parcialmente sólido, conformado por piedra, hielo, dióxido de carbono congelado y otros compuestos. Cada uno de estos núcleos puede tener muchas veces la masa de la Tierra. Pero están tan lejos de la superficie que ha sido difícil investigarlos.

☑ *Punto clave* ¿*Por qué tienen atmósferas grandes los gigantes de gas?*

Figura 19 Los planetas exteriores están mucho más lejos entre sí que los planetas interiores. A esta escala, los planetas interiores son tan pequeños y están tan cerca del Sol que no se ven. *Observar ¿Qué planeta exterior está más cerca del Sol?*

Júpiter

Júpiter es el planeta más masivo. De hecho, Júpiter tiene 300 veces la masa de la Tierra.

La atmósfera de Júpiter Como todos los planetas gigantes de gas, Júpiter tiene una atmósfera densa formada principalmente por hidrógeno y helio. La atmósfera de Júpiter contiene muchas bandas de colores y remolinos de nubes densas. Una característica muy interesante de la atmósfera de Júpiter es la gran Mancha Roja, una área gigante de remolinos de nubes muchas veces más grande que la Tierra. La gran Mancha Roja, mostrada en la Figura 20, parece ser una tormenta continua parecida a un huracán de la Tierra.

Las lunas de Júpiter Recuerda que el astrónomo Galileo descubrió cuatro de las lunas de Júpiter. Estas lunas se llaman Io, Europa, Ganímedes y Calisto. Estas cuatro lunas son las más grandes de Júpiter, y son más grandes que la Luna de la Tierra. Desde los tiempos de Galileo, los astrónomos han descubierto 13 lunas más que giran alrededor de Júpiter, para un total de 17.

Los exploradores *Voyager* y *Galileo* transmitieron fotografías y observaciones de las lunas de Júpiter que muestran vistas detalladas de cada luna. Las lunas de Júpiter son muy diferentes entre sí, como puedes ver en la Figura 21.

Io está cubierta de volcanes. Más de una docena de volcanes enormes están en erupción todo el tiempo, y la superficie de Io cambia de un año

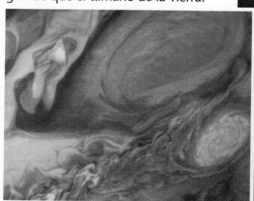

Figura 20 La foto más grande de Júpiter fue tomada por la nave espacial *Voyager 1*. Los dos objetos pequeños enfrente de Júpiter son dos de sus lunas Io, (izquierda) y Europa (derecha). La Gran Mancha Roja, en la ampliación, es una tormenta gigante mucho más grande que el tamaño de la Tierra.

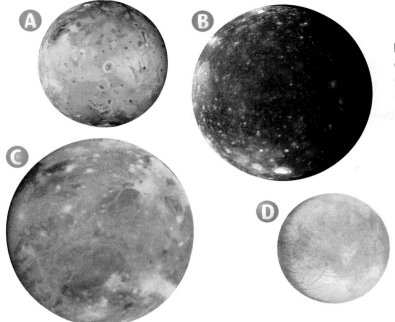

Figura 21 El astrónomo Galileo descubrió las cuatro lunas más grandes de Júpiter. **A.** La superficie de Io está cubierta de volcanes grandes y activos. **B.** La superficie de Calisto es helada y cubierta de cráteres. **C.** Ganímedes es la luna más grande de Júpiter. **D.** La corteza helada de Europa puede tener agua líquida abajo.
Inferir ¿Por qué Galileo sólo pudo ver cuatro lunas de Júpiter?

al otro debido al flujo de material caliente. El azufre de los flujos le da una variedad de colores a la superficie de Io. Desde el espacio, Io se ve como una pizza gigante. Europa tiene una corteza helada que podría tener agua líquida abajo. Aprenderás más sobre Europa en la Sección 6.

Ganímedes es la luna más grande de Júpiter y tiene aproximadamente dos veces la masa de la Luna de la Tierra. La superficie de Ganímedes es helada y parcialmente cubierta de cráteres. Otras partes de la superficie muestran hendiduras gigantes en el hielo. Calisto también tiene una superficie helada. Tiene tantos cráteres que absolutamente toda la superficie está cubierta por ellos.

☑ *Punto clave ¿Cuáles son las cuatro lunas más grandes de Júpiter?*

Saturno

El segundo planeta más grande en el sistema solar es Saturno. Saturno es un poco más pequeño que Júpiter, pero si se incluyen sus anillos hermosos, tiene un diámetro más grande en total. Los exploradores *Voyager* mostraron que Saturno, como Júpiter, tiene una atmósfera densa formada principalmente de hidrógeno y helio. La atmósfera de Saturno también tiene nubes y tormentas, pero son menos dramáticas que las de Júpiter. Saturno es el único planeta menos denso que el agua.

Los anillos de Saturno Cuando Galileo vio Saturno por primera vez con un telescopio, observó que algo sobresalía a los lados, pero no sabía qué era. Unas décadas después, otro astrónomo usando un mejor telescopio descubrió que Saturno tenía anillos a su alrededor. Más tarde, los astrónomos descubrieron que estos anillos están formados por pedazos grandes de hielo y piedra, cada uno viajando en su propia órbita alrededor de Saturno.

INTÉNTALO

Modela Saturno

ACTIVIDAD

Cómo construir un modelo a escala de Saturno.

1. Usa una esfera de espuma de plástico de 8 cm de diámetro para representar Saturno.

2. ✂ Usa una transparencia para el proyector de cuerpos opacos para representar los anillos de Saturno. Recorta un círculo de 18 cm de diámetro de la transparencia. Recorta un círculo de 9 cm de diámetro del centro del círculo.

3. Coloca cinco palillos en Saturno, a intervalos iguales a su ecuador. Pon la transparencia en los palillos y sujétala con cinta adhesiva. Espolvorea bicarbonato de sodio en la transparencia.

4. Usa un grano de pimienta para representar a Titán. Coloca el grano de pimienta a 72 cm de Saturno en el mismo plano que los anillos.

Hacer modelos ¿Qué representan las partículas de bicarbonato de sodio?

Figura 22 Los anillos de Saturno están formados por pedazos de hielo y rocas de diferentes tamaños. La foto pequeña muestra que en realidad hay muchos anillos pequeños. Los colores de la foto se agregaron por computadora. *Observar ¿Por qué podría ser difícil ver los anillos de Saturno cuando las orillas están apuntando hacia la Tierra?*

Desde la Tierra, parece que Saturno sólo tiene unos cuantos anillos, y que están divididos por regiones estrechas y oscuras. La nave espacial *Voyager* descubrió que cada uno de los anillos está dividido en docenas de anillos más pequeños. En total, Saturno tiene cientos de anillos.

Los anillos de Saturno son anchos y delgados, como un disco compacto. A veces los anillos están inclinados y se observan desde un ángulo. De vez en cuando, están de canto, y en esos casos, como están tan delgados, los astrónomos no los pueden ver.

En las últimas décadas, también se han descubierto anillos alrededor de los otros tres gigantes de gas. Pero los anillos alrededor de Júpiter, Urano y Neptuno no son tan espectaculares como los de Saturno.

Las lunas de Saturno La luna más grande de Saturno, Titán, es más grande que la Luna de la Tierra. Titán se descubrió en 1665, pero sólo se conocía como un punto de luz hasta que se acercaron los *Voyagers*. Los exploradores mostraron que la atmósfera de Titán es tan densa que poca luz puede pasar. Los astrónomos que estudian las imágenes del telescopio espacial Hubble apenas pueden ver la superficie de Titán.

Cuatro lunas más de Saturno tienen más de 1,000 kilómetros de diámetro. Se llaman Tetis, Japeto, Dione y Rea. Las imágenes del *Voyager* muestran cráteres y cañones en estas lunas.

☑ *Punto clave ¿De qué están hechos los anillos de Saturno?*

Figura 23 Esta imagen de Saturno y seis de sus lunas es una combinación de fotos tomadas por *Voyager 1* y *Voyager 2*.

Urano

Aunque el gigante de gas Urano tiene cuatro veces el diámetro de la Tierra, sigue siendo mucho más pequeño que Júpiter y Saturno. Como Urano está dos veces más lejos del Sol que Saturno, es mucho más frío. Urano se ve azuloso debido a indicios de gas metano en su atmósfera.

El descubrimiento de Urano En 1781, Urano se convirtió en el primer planeta descubierto desde los tiempos antiguos. El astrónomo William Herschel, en Inglaterra, encontró un objeto en el cielo que no parecía estrella. Al principio pensó que podría ser un cometa. Pero otros astrónomos pronto calcularon su órbita y se dieron cuenta que era un planeta más allá de Saturno. El descubrimiento hizo famoso a Herschel y dio inicio a la era de la exploración del sistema solar.

Explorar Urano En 1986, más de 200 años después del descubrimiento de Herschel, *Voyager 2* llegó a Urano y mandó los únicos acercamientos del planeta gigante que se tienen. Las imágenes de *Voyager 2* muestran unas pocas nubes en la superficie de Urano, pero éstas permitieron a los astrónomos calcular que Urano gira en alrededor de 17 horas.

De forma extraña, el eje de Urano está inclinado en un ángulo de aproximadamente 90° de la vertical, como se ve en la Figura 24. Visto desde la Tierra, Urano está girando de arriba a abajo y no de lado a lado, como lo hace la mayoría de los planetas. Los astrónomos piensan que hace billones de años, un objeto chocó con Urano y lo dejó de lado.

Las lunas de Urano Las fotografías del *Voyager 2* mostraron que las cinco lunas más grandes de Urano tienen superficies heladas y llenas de cráteres. Esto muestra que los cráteres de las lunas han sido golpeados por piedras del espacio. Las lunas de Urano también tienen flujos de lava en las superficies, lo que sugiere que el material ha hecho erupción desde dentro de cada luna. Las imágenes del *Voyager 2* revelaron 10 lunas que nunca habían sido vistas antes. En 1997, los astrónomos descubrieron dos lunas más, para un total de 17.

Figura 24 A. Esta imagen compuesta de fotos del *Voyager 2* incluye a Urano y a cinco de sus 17 lunas. **B.** A diferencia de la mayoría de los planetas, Urano gira de lado.

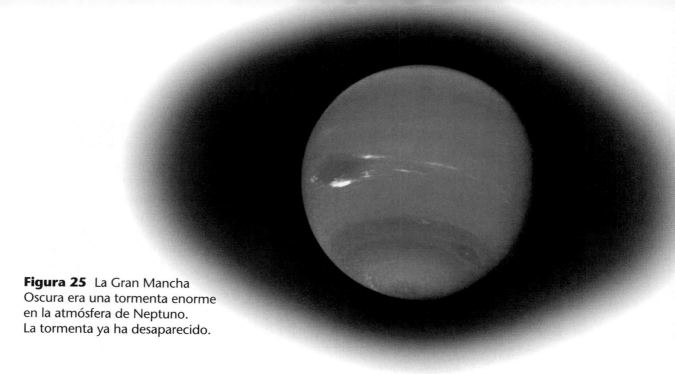

Figura 25 La Gran Mancha Oscura era una tormenta enorme en la atmósfera de Neptuno. La tormenta ya ha desaparecido.

Figura 26 La luna más grande de Neptuno, Tritón, está cubierta de cordilleras y cráteres.

Neptuno

Neptuno está aún más lejos del Sol que Urano —de hecho, está a 30 veces la distancia de la Tierra al Sol. A diferencia de la atmósfera azul casi sin características de Urano, la atmósfera de Neptuno tiene nubes visibles.

El descubrimiento de Neptuno El planeta Neptuno se descubrió como resultado de una predicción matemática. La órbita de Urano no seguía exactamente la predicción de los astrónomos. Ellos formularon la hipótesis de que debía haber otro planeta no visto, cuya gravedad estaba afectando la órbita de Urano. Para 1846, los matemáticos en Inglaterra y Francia habían calculado la órbita de este nuevo planeta. Pocos meses después, un observador en Alemania vio un objeto desconocido en el cielo. Era el nuevo planeta, ahora llamado Neptuno.

Explorar Neptuno En 1989 *Voyager 2* voló por Neptuno, donde tomó una fotografía de una gran mancha oscura, que se muestra en la Figura 25, aproximadamente del tamaño de la Tierra. Como la gran Mancha Roja de Júpiter, la gran mancha oscura probablemente era una tormenta gigante. Pero la tormenta no duró mucho tiempo. Las imágenes del telescopio espacial Hubble cinco años después mostraron que la mancha había desaparecido. Otras manchas más pequeñas y áreas de nubes en Neptuno también parecen ir y venir.

Las lunas de Neptuno Los astrónomos han hallado ocho lunas que giran alrededor de Neptuno. La luna más grande de Neptuno es Tritón. Las fotos del *Voyager* muestran que la región cerca del polo Sur de Tritón está cubierta por una capa de hielo, y que un material oscuro hace erupción desde abajo.

☑ *Punto clave* Antes de poder ver a Neptuno, ¿qué evidencia llevó a los científicos a concluir que existía?

Plutón y Caronte

Plutón y su única luna, Caronte, son muy diferentes a los gigantes de gas. **Plutón y Caronte tienen superficies sólidas y masas mucho menores que la de la Tierra.** De hecho, Plutón es menos de dos tercios del tamaño de la Luna de la Tierra. Como Caronte es más de la mitad del tamaño de Plutón, los astrónomos muchas veces los consideran como un planeta doble en vez de un planeta y una luna.

Plutón y Caronte están tan lejos del Sol que completan una revolución alrededor del Sol una vez cada 249 años terrestres. Como Plutón y Caronte son tan pequeños y están tan lejos, los astrónomos no han podido aprender mucho sobre ellos.

El descubrimiento de Plutón y Caronte El astrónomo estadounidense Clyde Tombaugh descubrió Plutón en 1930. Estaba buscando un objeto grande que pensaba que podía estar afectando la órbita de Neptuno. Tombaugh vio cientos de miles de imágenes durante 10 meses, antes de hallar a Plutón. Caronte no se descubrió sino hasta 1978, por el astrónomo James Christy. Christy estaba estudiando fotografías de Plutón cuando se dio cuenta de que Plutón parecía tener un "chichón". El chichón resultó ser Caronte.

¿Es Plutón realmente un planeta? Plutón es tan pequeño que muchos astrónomos creen que no se debe llamar planeta. Plutón puede ser nada más que el más grande de miles de objetos que giran alrededor del Sol más allá de Neptuno. Si los astrónomos hubieran hallado estos objetos antes de hallar a Plutón, tal vez no lo habrían llamado planeta.

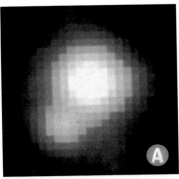

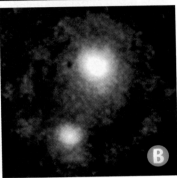

Figura 27 A. El espacio entre Plutón y Caronte no se ve claramente con los telescopios de la Tierra. **B.** Esta foto, tomada del telescopio espacial Hubble, muestra con claridad dos objetos. *Inferir ¿Por qué muchas veces los astrónomos dicen que Plutón y Caronte son un planeta doble?*

Repaso de la sección 4

1. ¿En qué se parecen los gigantes de gas? ¿En qué se diferencian?
2. ¿En qué se diferencia Plutón de los gigantes de gas?
3. ¿Cuál es la característica más sobresaliente de la superficie de Júpiter? ¿Qué causa esta característica?
4. ¿Por qué piensan los astrónomos que algún objeto podría haber chocado con Urano hace billones de años?
5. **Razonamiento crítico** **Predecir** ¿Crees que los astrónomos han hallado todas las lunas de los planetas exteriores? Explica tu respuesta.

PROYECTO DEL CAPÍTULO 2

Comprueba tu aprendizaje

Después de hacer modelos para mostrar tamaño y distancia por separado, diseña otro modelo a escala del sistema solar. Esta vez, usa la misma escala para tamaño y distancia. Si el pizarrón es el Sol, ¿qué planetas cabrían en el salón de clases? ¿Dónde estarían los otros planetas con respecto al salón de clase, la escuela y el pueblo?

Comenta con tus compañeros de clase los problemas que podrían surgir al construir un modelo usando la misma escala para tamaño y distancia. Revisa tu modelo según sea necesario.

VIAJE ALREDEDOR DEL SOL

En esta práctica, formularás y probarás una hipótesis sobre cómo la distancia entre un planeta y el Sol está relacionada con su periodo de traslación.

Problema

¿Cómo afecta la distancia de un planeta del Sol a su periodo de traslación?

Materiales

cordel, 1.5 m	un tapón de hule
tubo de plástico, 6 cm	de un orificio
pesa o varias rondanas	cronómetro

Procedimiento

1. ¿Qué relación crees que haya entre la distancia de un planeta al Sol y su periodo de traslación? Escribe tu hipótesis en forma de una declaración "Si... entonces...".

2. Para poner a prueba tu hipótesis, necesitarás hacer un planeta modelo.
   a. Pasa el cordel por el orificio del tapón de hule. Amarra el extremo del cordel a la otra parte del cordel. Jala fuertemente para asegurar que el cordel no se desamarrará.
   b. Pasa el otro extremo del cordel por el tubo de plástico y amarra la pesa a ese extremo. Pide a tu maestro o maestra que revise ambos nudos.
   c. Sostén el tubo de plástico en la mano arriba de tu cabeza. Haz que el tapón gire arriba de tu cabeza. Practica para poder mantener el tapón en movimiento a la misma velocidad. El círculo representa la órbita del planeta. **PRECAUCIÓN:** *Apártate de los otros estudiantes. Asegúrate de no golpear a nadie ni a ningún objeto con el tapón. No sueltes el cordel.*

3. Antes de probar diferentes distancias para tu planeta modelo, copia la tabla de datos en tu cuaderno.

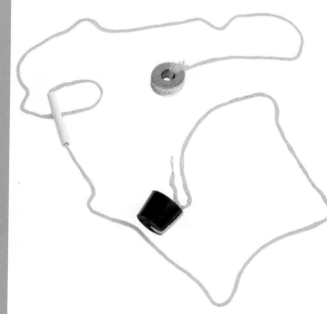

Distancia (cm)	Periodo de traslación			
	Prueba 1	Prueba 2	Prueba 3	Promedio
20				
40				
60				

TABLA DE DATOS

4. Jala el cordel para que el tapón quede a 20 cm del tubo de plástico. Haz girar el tapón con la suficiente velocidad apenas para mantenerlo en movimiento.

5. Pide a un compañero o compañera que tome el tiempo para que el tapón realice 10 revoluciones. Divide entre 10 para hallar el periodo de traslación. Anota este número como Prueba 1.

6. Repite los Pasos 4-5 dos veces más. Anota tus resultados como Pruebas 2 y 3. Suma los resultados de las tres pruebas y divide entre tres para hallar el periodo de traslación promedio.

7. Si jalas el tapón a 40 cm, ¿piensas que el periodo de traslación se incremente o disminuya? Para averiguarlo, jala el tapón a 40 cm y repite los Pasos 4-6.

8. Con base en tus resultados del Paso 7, ¿quieres revisar tu hipótesis? Haz los cambios necesarios. Después, jala el tapón a 60 cm y repite los Pasos 4-6.

Analizar y concluir

1. ¿Qué objeto de tu modelo representaba el Sol? ¿Cuál representaba el planeta?

2. ¿Qué fuerza representaba el jalón en el cordel?

3. Cuando jalaste el tapón para hacer más larga la órbita, ¿representaba el cordel una fuerza mayor o menor de gravedad? ¿Por qué?

4. ¿Qué sucedió al periodo de traslación cuando alargaste la órbita en los Pasos 7 y 8?

5. ¿Tus observaciones apoyaron tu hipótesis? Resume tus conclusiones con base en tus observaciones.

6. ¿Qué planeta toma menos tiempo en girar alrededor del Sol, los que están cerca de él o los que están más lejos? Usa tu modelo para apoyar tu respuesta.

7. **Piensa en esto** ¿Qué información consideraste al formular tu hipótesis? ¿Cómo te ayudó el tener unos datos del experimento para modificar tu hipótesis?

Crear un experimento

Escribe una hipótesis que relacione la masa de un planeta con su periodo de traslación. Después, usando un tapón con una masa distinta, modifica la actividad para poner a prueba tu hipótesis. Antes de hacer girar el tapón, pide a tu maestro o maestra que revise los nudos.

Cometas, asteroides y meteoros

¿Hacia dónde apuntan las caudas de los cometas?

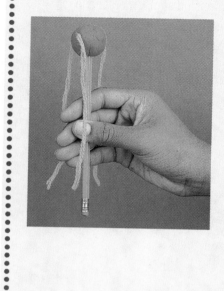

1. Forma una bola pequeña de plastilina para representar un cometa.

2. Con la punta de un lápiz, empuja tres pedazos de cordel de 10 cm en la bola. Estos cordeles representan la cauda del cometa. Coloca la bola en la punta del lápiz, como se muestra en la foto.

3. Sostén la bola alrededor de 1 m de distancia de un ventilador. El aire del ventilador representa el viento solar. Mueve la bola hacia el ventilador, en la dirección opuesta al ventilador, y de un lado a otro. **PRECAUCIÓN:** *No acerques los dedos a las aspas del ventilador.*

Reflexiona sobre

Inferir ¿Cómo afecta el mover la bola hacia la dirección donde apuntan los cordeles? ¿Qué determina hacia dónde apunte la cauda de un cometa?

GUÍA DE LECTURA

◆ ¿Cuáles son las características de los cometas y los asteroides?

◆ ¿De dónde vienen los meteoritos?

Sugerencia de lectura A medida que leas, haz un esquema de esta sección usando las cabezas como los temas principales.

¡Imagina ver un choque cósmico! Eso es exactamente lo que pasó en julio de 1994. Eugene y Carolyn Shoemaker y David Levy descubrieron un nuevo cometa en 1992 que se había roto en pedazos cerca de Júpiter dos años antes. Dos años después, los fragmentos volvieron y chocaron con Júpiter. En la Tierra, los astrónomos estaban fascinados al ver las explosiones enormes —¡algunas del tamaño de la Tierra!

Como muestra esta historia, el Sol, los planetas y las lunas no son los únicos objetos del sistema solar. También hay millones de objetos más pequeños, la mayoría de los cuales se clasifican como cometas y asteroides.

Cometas

De lo más glorioso que puedes ver en el cielo de noche es un cometa. Un cometa brillante puede ser visible sólo durante días, semanas o meses, pero bien vale la pena verlo. En abril de 1997, por ejemplo, el cometa Hale-Bopp y su cauda brillante de polvo eran claramente visibles hasta sin telescopio.

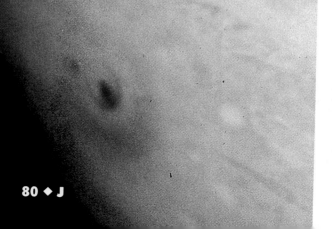

◀ Un anillo oscuro en Júpiter causado por el cometa Shoemaker-Levy 9.

Sol

Órbita de la Tierra

Órbita de un cometa

A

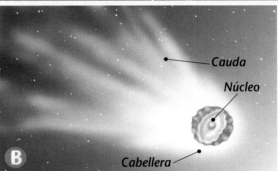

Cauda

Núcleo

Cabellera

B

Figura 28 A. La mayoría de los cometas giran alrededor del Sol en órbitas muy largas y estrechas. B. Las partes principales de un cometa son el núcleo, la cabellera y la cauda. *Observar ¿Qué forma tiene la órbita de un cometa?*

Puedes pensar en un **cometa** como una "bola de nieve sucia" aproximadamente del tamaño de una montaña de la Tierra. **Los cometas son pedazos de hielo y polvo cuyas órbitas normalmente son elipses muy largas y estrechas.** Como sus órbitas son tan elípticas, pocos pasan cerca de la tierra, y sólo se pueden ver brevemente. Cuando un cometa se acerca lo suficiente al Sol, la energía de la luz solar convierte el hielo en gas, liberando polvo. El gas y el polvo forman una capa exterior llamada cabellera. La Figura 28 muestra la capa interior del cometa, llamada núcleo. La parte más brillante de un cometa, la cabeza, está formada por el núcleo y la cabellera.

Recuerda que la corona del Sol produce una corriente de partículas llamada viento solar. El viento solar empuja el gas de un cometa en dirección opuesta al Sol. La cauda del cometa está formada por gas y polvo. La cauda se ve como cabello; de hecho, el nombre *cometa* significa "estrella de cabello largo", en griego.

La cauda de un cometa puede llegar a medir cientos de millones de kilómetros de largo y extenderse por casi todo el cielo. Sin embargo, el material está muy estirado, por lo que no hay mucha masa en la cauda de un cometa.

En 1705, Edmond Halley, un astrónomo inglés, calculó las órbitas de 24 cometas que la gente había observado durante cientos de años. Halley se dio cuenta que varios de los cometas parecían tener la misma órbita y sugirió que en realidad eran el mismo cometa. Halley calculó que este cometa aparecía alrededor de cada 76 años, y predijo que aparecería de nuevo en 1758. Cuando se confirmó esta predicción, el cometa fue llamado el cometa Halley. En 1986, la última vez que apareció el cometa Halley, la nave espacial *Giotto* de la Agencia Europea del Espacio voló a unos cientos de kilómetros de él.

☑ *Punto clave* *¿Por qué se llamó así el cometa Halley?*

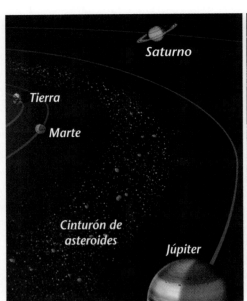

Figura 29 El cinturón de asteroides (izquierda) está entre Marte y Júpiter. Los asteroides tienen muchos tamaños y formas, como se ve en esta versión artística (centro). La misión *Near Earth Asteroid Rendezvous* de la NASA tomó fotos del asteroide Mathilde (derecha) en 1997.

Asteroides

Entre 1801 y 1807, astrónomos descubrieron cuatro objetos pequeños entre las órbitas de Marte y Júpiter. Nombraron a los objetos Ceres, Palas, Juno y Vesta. Estos objetos, llamados **asteroides,** son demasiado pequeños y demasiado numerosos para considerarse planetas. **La mayoría de los asteroides giran alrededor del Sol entre las órbitas de Marte y Júpiter.** Esta región del sistema solar, que se muestra en la Figura 29, es conocida como el **cinturón de asteroides.**

Los astrónomos han hallado más de 10,000 asteroides, y este número se incrementa cada mes. Ceres, Palas, Juno y Vesta están entre las docenas que miden más de 250 kilómetros de ancho.

 **INTEGRAR LAS CIENCIAS DE LA TIERRA** Algunos asteroides se acercan a la órbita de la Tierra. Algún día, uno de estos asteroides podría chocar con ella. Cuando un asteroide grande chocó con la Tierra hace 65 millones de año, explotó y formó un cráter de 200 kilómetros de diámetro cerca de la península de Yucatán, en México. Es casi seguro que la explosión levantó trillones de toneladas de polvo a la atmósfera, obstruyendo la luz solar durante meses. Restos de la explosión probablemente causaron incendios enormes que destruyeron una gran parte de los bosques y la vegetación de la Tierra. Los científicos piensan que como resultado, muchas especies de organismos, incluyendo los dinosaurios, se extinguieron.

Meteoros

Imagina estar afuera, en el campo, en una noche clara, viendo el cielo. De repente, ves un rayo de luz parpadear en el cielo. Unos segundos después, ves otro rayo. Durante una hora o más, ves un rayo por lo menos una vez al minuto. Estás viendo una lluvia de meteoros. Las lluvias de meteoros ocurren con regularidad varias veces al año.

Aunque no hay lluvia de meteoros, puedes ver meteoros a menudo si estás lejos de las luces de la ciudad y si el cielo está despejado. En promedio, un meteoro cruza el cielo cada 10 minutos.

Un **meteoroide** es un pedazo de roca o polvo en el espacio. **Los meteoroides normalmente son partes de cometas o asteroides.** Cuando un cometa se rompe, forma una nube de polvo que continúa moviéndose por el sistema solar. Cuando la Tierra pasa por una de estas nubes de polvo, partículas de polvo entran en la atmósfera de la Tierra.

Cuando un meteoroide entra en la atmósfera de la Tierra, se quema debido a la fricción y produce el rayo de luz que ves en el cielo —un **meteoro**. Si el meteoroide es lo suficientemente grande, no se incendia por completo. Los meteoroides que pasan por la atmósfera y chocan con el suelo de la Tierra se llaman **meteoritos**. Los cráteres en la Luna y en otros objetos del sistema solar fueron causados por los meteoroides.

Los meteoritos caen por todas partes de la Tierra. La mayoría se ven como piedras, y no nos damos cuenta de ellos. Unos cuantos están compuestos casi en su totalidad por hierro y níquel, y por eso son muy pesados por su tamaño. Así, tienen más probabilidades de ser identificados como meteoritos que como piedras de la Tierra.

Figura 30 A. El Meteor Crater en Arizona es el cráter de metorito más conocido de la Tierra. Se formó cuando un meteorito chocó con la Tierra hace aproximadamente 40,000 años. **B.** Los meteoroides hacen rayos de luz, como la de la ilustración, cuando se incendian en la atmósfera.

 Repaso de la sección 5

1. ¿De qué está hecho un cometa?
2. ¿Dónde se encuentran la mayoría de los asteroides?
3. ¿Cuáles son las fuentes principales de los meteoroides?
4. ¿Qué diferencia hay entre un meteoro y un meteorito?
5. **Razonamiento crítico Predecir** Describe qué podría pasar si un asteroide del tamaño del que chocó con la Tierra hace 65 millones de años chocara con la Tierra hoy.

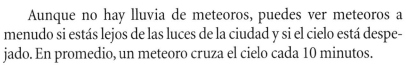

Las ciencias en casa

Las lluvias de meteoros ocurren regularmente en fechas específicas. (Por ejemplo la lluvia de meteoros Perseidas ocurre cada 12 de agosto.) Busca información acerca de la próxima lluvia de meteoros en el periódico o en un almanaque. Esa noche, observa los meteoros con miembros adultos de tu familia. Explica a tu familia por qué brillan.

DESCUBRE · ACTIVIDAD · · · ·

¿Está viva o no la levadura?

1. Abre un sobre de levadura y vacíala en un tazón.

2. Observa la levadura con atención. Haz una lista de tus observaciones.

3. Llena el tazón a la mitad con agua tibia (aproximadamente 20°C). Agrega una cucharada de azúcar. Revuelve la mezcla con la cuchara. Espera cinco minutos.

4. Ahora observa la levadura otra vez y haz una lista de tus observaciones.

Reflexiona sobre
Formular definiciones operativas ¿Cuál de tus observaciones parece sugerir que la levadura no está viva? ¿Qué observaciones sugieren que la levadura está viva? ¿Cómo puedes saber si algo está vivo?

GUÍA DE LECTURA

◆ ¿Qué condiciones necesitan los seres vivos para existir en la Tierra?

◆ ¿Por qué piensan los científicos que Marte y Europa son buenos lugares donde buscar señales de vida?

Sugerencia de lectura
A medida que leas, busca evidencias para apoyar esta hipótesis: Es posible que pueda existir vida en otras partes del sistema solar.

Figura 31 La Dra. Ursula Marvin (acostada) estudia los meteoritos como éste en la Antártida.

La mayoría de la Antártida está cubierta por nieve y hielo. No esperarías ver rocas encima de la blancura. Pero sorprendentemente, en algunos lugares se han encontrado rocas en el suelo. Cuando los científicos examinaron las rocas, descubrieron que las rocas son meteoritos. Unos pocos de los meteoritos llegaron de Marte. Los astrónomos piensan que meteoroides que chocaron con la superficie de Marte han de haber hecho volar pedazos de roca al espacio. Con el tiempo, las rocas entraron a la atmósfera de la Tierra y cayeron en la Antártida.

Hace poco un equipo de científicos anunció que uno de los meteoritos de Marte encontrado en la Antártida muestra formas diminutas que parecen fósiles —restos de vida antigua conservada en roca. Si las formas realmente son fósiles, serían signos de que formas de vida parecidas a las bacterias alguna vez existieron en Marte. La vida fuera de la Tierra se llamaría **vida extraterrestre**.

Las "condiciones Ricitos de Oro"

Si completaste la actividad Descubre, viste que puede ser difícil saber si algo está vivo o no. Pero todos los seres vivos de la Tierra tienen varias características en común. Los seres vivos están formados de una o más células. Los seres vivos toman energía y la usan para crecer y desarrollarse. Se reproducen produciendo nuevos seres vivos del mismo tipo. Los seres vivos también producen desechos.

Por ejemplo, una célula de levadura es un ser vivo. Cada organismo de levadura tiene una célula. Las células de levadura usan azúcar como energía. Se reproducen y hacen nuevas células de levadura. Y las células de levadura producen dióxido de carbono como desecho. Por eso, una célula de levadura satisface todos los requisitos para un ser vivo.

Nadie sabe si existe vida fuera de la Tierra. Los científicos suelen comentar acerca de las condiciones que se necesitan para sostener "la vida como la conocemos". **La Tierra tiene agua líquida, un rango de temperaturas adecuado y atmósfera para que los seres vivos sobrevivan.** Otros planetas no tienen estas condiciones tan favorables, que los científicos a veces llaman las "condiciones Ricitos de Oro". Es decir, la temperatura no puede ser ni muy caliente ni muy fría. Está bien. Si la temperatura fuera más alta, el agua siempre estaría en forma de gas —vapor de agua. Si la temperatura fuera más baja, el agua siempre sería hielo sólido. En la Tierra, el agua existe como líquido, y también como sólido y gas.

¿Son éstas las condiciones necesarias para la vida? ¿O sólo son las condiciones que los seres vivos de la Tierra necesitan para sobrevivir? Los científicos sólo tienen una forma de vida que estudiar: la vida de la Tierra. A menos que los científicos encuentren vida en otros lugares, no habrá manera de contestar estas preguntas.

☑ *Punto clave* *¿Cuáles son algunas características de todos los seres vivos?*

La vida en la Tierra

En años recientes, se han hecho descubrimientos asombrosos en las profundidades del océano. La luz solar nunca penetra allí. Pero submarinos que se sumergen mucho han descubierto lombrices de tubo gigantes y otros animales que viven a muy alta presión en la oscuridad. También se han hallado algunas otras formas unicelulares de vida diferentes a las plantas, animales y bacterias. Estas formas de vida recientemente descubiertas no obtienen energía de la luz solar, sino de sustancias químicas. Otros científicos han hallado formas de vida diminutas en cuevas y muy adentro de rocas sólidas. Y otros en manantiales calientes que se pensaba no podían sostener vida por las temperaturas altas.

La variedad de condiciones bajo las cuales la vida puede existir es mucho mayor de lo que alguna vez pensaban los científicos. ¡Tal vez existen formas de vida que ni siquiera necesitan las "condiciones Ricitos de Oro"!

Mejora tus destrezas

Comunicar

ACTIVIDAD

Estás escribiendo una carta a un amigo o una amiga que vive en otro planeta. Tu amigo o amiga nunca ha venido a la Tierra y no tiene idea de cómo es el planeta. Explica en tu carta por qué las condiciones en la Tierra la hacen el lugar ideal para los seres vivos.

Figura 32 Estas colonias de microorganismos se hallaron en las profundidades de una cueva en México. *Inferir ¿Cómo el estudiar organismos poco comunes como éstos ayuda a los científicos a predecir cómo podría ser la vida extraterrestre?*

¿Vida en Marte?

Recuerda que Marte es el planeta más parecido a la Tierra. Por eso, Marte es el lugar más obvio para buscar seres vivos parecidos a los de la Tierra.

Las misiones *Viking* En 1970, una nave espacial encontró regiones en el suelo de Marte que parecen yacimientos de ríos con arroyos que parecen cruzarse. Estas formas, como se muestran en la Figura 33, probablemente se formaron por agua que fluía. **Puesto que la vida como la conocemos requiere agua, los científicos han formulado la hipótesis de que alguna vez Marte pudo haber tenido las condiciones necesarias para que existiera vida.**

Las naves espaciales gemelas *Viking* llegaron a Marte en 1976. Cada una tenía una parte que llegaría al suelo de Marte y otra que entraría a la órbita, para tomar fotos de la mayoría del suelo. Cada una de las partes que llegaron a la superficie llevaba un laboratorio compacto de biología para buscar formas de vida.

Los laboratorios probaron el aire y el suelo marciano buscando señales de vida. Cada laboratorio estaba diseñado para investigar si existían formas de vida que usaran oxígeno y despidieran dióxido de carbono, como lo hacen muchos seres vivos de la Tierra. Una pala robótica llevó un poco del suelo de Marte al laboratorio, donde se le agregó agua para ver si la muestra despedía oxígeno. Ninguna de estas pruebas mostró evidencia de vida.

☑ *Punto clave* *¿Qué evidencia indica que alguna vez pudo existir agua corriente en Marte?*

Meteoritos de Marte El interés por la vida en Marte aumentó después de un informe en 1996 sobre el meteorito que podría tener fósiles. El informe de los científicos causó un gran debate. ¿Qué eran las cosas como tubos en el meteorito? Muchos científicos han sugerido que las formas diminutas encontradas en el meteorito no comprueban que alguna vez existió vida en Marte. Tal vez las formas resultaron de los procesos naturales en Marte y sólo son pedazos de barro duro. Tal vez las formas resultaron de nieve que entró a las grietas del meteorito después de que aterrizó. ¿Estaban las formas demasiado profundas en la roca para ser de

Figura 33 Estas marcas en el suelo de Marte probablemente son evidencia de que agua líquida alguna vez fluyó en Marte. *Aplicar los conceptos ¿Por qué esta evidencia hace más probable que alguna vez existió vida en Marte?*

la Tierra? Tal vez las formas eran demasiado pequeñas para ser restos de seres vivos. Tienen la centésima parte del tamaño de las formas de vida conocidas.

La manera más efectiva de responder estas preguntas es mandar más exploradores a Marte. Las misiones a Marte a futuro podrán traer muestras de piedras y suelo a la Tierra para un análisis detallado. Quizás los científicos aún no tengan evidencia de vida en Marte, pero esperan poder resolver pronto el misterio.

¿Vida en Europa?

Muchos científicos piensan que Europa, una de las lunas de Júpiter, podría reunir las condiciones necesarias para el desarrollo de la vida. Las fotos de *Voyager* y *Galileo* muestran que la corteza de Europa es lisa y helada, con grietas gigantes.

Los acercamientos de *Galileo* mostraron que el hielo de Europa se ha fracturado y vuelto a formar, y el resultado son bloques de hielo torcidos del tamaño de una casa. Hay patrones similares en la capa de hielo sobre el océano Ártico en la Tierra. ¿Podría significar que hay un océano líquido bajo el hielo de Europa? El agua del océano posiblemente se mantiene líquida por el calor en el centro de Europa. **Si hay agua líquida en Europa, tal vez puede haber vida.**

¿Cómo pueden los científicos estudiar las condiciones bajo la capa de hielo de Europa? Tales estudios tendrán que esperar muchos años. Tendremos que esperar a la siguiente generación de exploradores espaciales para buscar agua líquida en Europa.

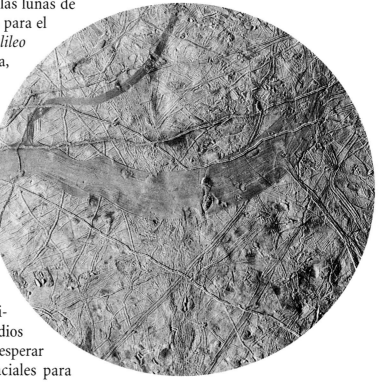

Figura 34 Europa está cubierta de una capa de hielo parecida a la que cubre el océano Ártico de la Tierra. Puede haber agua líquida bajo el hielo.

Repaso de la sección 6

1. ¿Qué condiciones son necesarias para que sobreviva la vida en la Tierra?
2. ¿Por qué piensan los astrónomos que puede haber vida en Europa?
3. ¿Cómo buscaron las misiones *Viking* la vida en Marte?
4. **Razonamiento crítico Aplicar los conceptos** ¿Piensas que en Venus puede haber vida como la conocemos? Explica tu respuesta. (*Sugerencia:* Repasa la página 66.)

Las ciencias en casa

Imagina que los científicos han hallado vida extraterrestre inteligente. Con la ayuda de tu familia, escribe un mensaje para mandar a los extraterrestres. Recuerda que como no entenderán tu lenguaje, debes escribir el mensaje con símbolos y dibujos.

La exploración espacial, ¿vale la pena?

Imagina que tu nave espacial acaba de llegar a Marte después de un viaje de dos meses desde la Tierra. Has pasado años planeando este momento. Cañones, cráteres y llanuras distantes se extienden a tu alrededor. Revisas tu traje espacial y te preparas para salir a la superficie rocosa y roja de Marte.

¿Es probable un viaje así? ¿Valdría la pena? ¿Qué valor tienen los vuelos espaciales para la sociedad humana? Los científicos y los políticos han empezado a debatir esas cuestiones. La exploración espacial nos puede ayudar a aprender más sobre el universo. Pero la exploración es arriesgada y costosa. Mandar a la gente al espacio cuesta millones de dólares y arriesga la vida humana. ¿Cómo podemos equilibrar los costos y los beneficios de la exploración espacial?

Temas de debate

¿Los humanos deben viajar al espacio?

Muchos estadounidenses piensan que cuando Neil Armstrong caminó en la Luna en 1969 fue uno de los grandes momentos de la historia. Además, aprender cómo mantener a las personas con vida en el espacio ha producido mejoras en la vida diaria. Equipo más seguro para los bomberos, maneras más fáciles de empacar los alimentos congelados y monitores cardiacos efectivos han sido desarrollados gracias a las investigaciones del programa espacial.

¿Cuáles son las alternativas?

La exploración espacial puede ser un proyecto para poner a una persona en Marte. También puede ser un uso más limitado de instrumentos científicos cerca de la tierra, como el telescopio espacial Hubble. En vez de mandar a personas, podríamos mandar exploradores espaciales como *Mars Pathfinder* a otros planetas.

¿Vale la pena la exploración espacial por seres humanos?

Los científicos a favor de la exploración humana del espacio dicen que solamente las personas pueden recopilar ciertos tipos de información. Pero nadie sabe si la investigación del espacio realmente proporciona información más rápida que las investigaciones que se realizan desde la Tierra. Muchos críticos de la investigación espacial piensan que hay otras necesidades más importantes. Un senador estadounidense comentó, "Cada vez que invertimos dinero en el programa espacial, es dinero que no estará disponible para la educación de nuestros hijos o para la investigación médica."

Tú decide

1. **Identifica el problema**
   En tus propias palabras, haz una lista de los costos y beneficios de la exploración espacial.

2. **Analiza las opciones**
   Haz una tabla de tres enfoques distintos de la exploración espacial: mandar a seres humanos a otro planeta, hacer sólo investigaciones desde la Tierra y otra opción. ¿Cuáles son los beneficios y las desventajas de cada enfoque?

3. **Encuentra una solución**
   Imagina que eres un representante del Congreso que tiene que votar acerca de un nuevo presupuesto. Hay una cantidad limitada de dinero, y tienes que decidir qué necesidades son las más importantes. Haz una lista de las diez prioridades más importantes. Explica tus decisiones.

SECCIÓN 1 — Observar el sistema solar

Ideas clave

◆ Aristóteles y Ptolomeo pensaban que la Tierra estaba en el centro del sistema planetario.

◆ Copérnico pensaba que el Sol estaba en el centro de los planetas. Las observaciones de Galileo apoyaron la teoría de Copérnico.

◆ Kepler descubrió que las órbitas de los planetas son elipses.

◆ Newton concluyó que dos factores —inercia y gravedad— se combinan para mantener a los planetas en órbita.

Términos clave

geocéntrico   elipse
heliocéntrico   inercia

SECCIÓN 2 — El Sol

Ideas clave

◆ La energía del Sol proviene de la fusión nuclear.

◆ La atmósfera del Sol tiene tres capas: la fotosfera, la cromosfera y la corona.

◆ Las características de la superficie del Sol incluyen manchas solares, protuberancias y erupciones solares.

Términos clave

fusión nuclear   viento solar
núcleo   mancha solar
fotosfera   protuberancia
cromosfera   erupción solar
corona

SECCIÓN 3 — Los planetas interiores

Idea clave

◆ Los cuatro planetas interiores —Mercurio, Venus, la Tierra y Marte— son pequeños y tienen superficies rocosas. Muchas veces se les llaman los planetas telúricos.

Términos clave

planetas telúricos
rotación retrógrada
efecto invernadero

SECCIÓN 4 — Los planetas exteriores

Ideas clave

◆ Los primeros cuatro planetas exteriores —Júpiter, Saturno, Urano y Neptuno— son mucho más grandes que la Tierra, y están formados casi en su totalidad por gases.

◆ Plutón y Caronte tienen superficies sólidas y masas mucho menores que la de la Tierra.

Término clave

gigante de gas

SECCIÓN 5 — Cometas, asteroides y meteoros

Ideas clave

◆ Los cometas son pedazos de hielo y polvo que normalmente tienen órbitas largas y elípticas.

◆ La mayoría de los asteroides son objetos que giran alrededor del Sol entre las órbitas de Marte y Júpiter.

◆ Los meteoroides normalmente provienen de los cometas o asteroides.

Términos clave

cometa   cinturón de asteroides   meteoro
asteroide   meteoroide   meteorito

SECCIÓN 6 — ¿Hay vida más allá de la Tierra?

INTEGRAR LAS CIENCIAS DE LA VIDA

Ideas clave

◆ Hasta hoy sólo la Tierra tiene condiciones adecuadas para que sobrevivan los seres vivos.

◆ En Marte alguna vez podrían haber existido las condiciones necesarias para sostener la vida.

◆ Si hay agua líquida en Europa, también puede haber vida.

Término clave

vida extraterrestre

USAR LA INTERNET   ACTIVIDAD
www.science-explorer.phschool.com

Repaso del contenido

 Para repasar los conceptos clave, consulta el CD-ROM Tutorial interactivo del estudiante.

Opción múltiple

Elige la letra de la respuesta que complete mejor cada enunciado.

1. Copérnico pensaba que el sistema solar era
   a. celestial.
   b. elíptico.
   c. geocéntrico.
   d. heliocéntrico.

2. La parte del Sol donde ocurre la fusión nuclear es
   a. la fotosfera.   b. la cromosfera.
   c. la corona.   d. el núcleo.

3. Los planetas con atmósferas compuestas principalmente por dióxido de carbono incluyen
   a. la Tierra y Mercurio.
   b. Venus y Mercurio.
   c. Venus y Marte.
   d. Mercurio y Marte.

4. La Gran Mancha Roja es una tormenta enorme en
   a. Júpiter.   b. Neptuno.
   c. Saturno.   d. Plutón.

5. La mayoría de los asteroides orbitan el Sol
   a. entre el Sol y Mercurio.
   b. entre la Tierra y Marte.
   c. entre Marte y Júpiter.
   d. entre Neptuno y Plutón.

Falso o verdadero

Si el enunciado es verdadero, escribe verdadero. Si es falso, cambia la palabra o palabras subrayadas para hacer verdadero el enunciado.

6. La forma de la órbita de cada planeta es un círculo.

7. Las manchas solares son regiones de gases menos calientes en el Sol.

8. La atmósfera de Venus tiene más presión que la de la Tierra.

9. Aparte del Sol, Saturno es la fuente de gravedad más grande del sistema solar.

10. A las condiciones favorables para la vida como la conocemos a veces se les llama condiciones Ricitos de Oro.

Revisar los conceptos

11. ¿Cómo enriqueció el trabajo de Newton al trabajo que Kepler había hecho?

12. ¿Por qué normalmente es imposible ver la corona del Sol?

13. ¿Por qué tiene Mercurio sólo una atmósfera delgada?

14. ¿Por qué algunos astrónomos piensan que Plutón no debe considerarse como planeta?

15. ¿Por qué la cauda de un cometa siempre apunta en dirección opuesta al Sol?

16. ¿Por qué sería importante el descubrimiento de agua líquida en otros planetas?

17. ¿Los seres vivos tienen que vivir en la superficie de un planeta o luna? ¿En qué otras partes de un planeta o luna podrían los científicos buscar evidencia de vida?

18. **Escribir para aprender** Imagina que eres un astronauta con una misión para explorar el sistema solar. Escribe en un diario la historia de tu viaje de la tierra a otro planeta telúrico y a un gigante de gas. Incluye una descripción de cada planeta.

Razonamiento gráfico

19. **Tabla para comparar y contrastar**
    En una hoja de papel aparte, copia la tabla para comparar y contrastar los sistemas geocéntrico y heliocéntrico. Después completa la tabla y agrega un título. (Para más información sobre las tablas para comparar y contrastar, consulta el Manual de destrezas.)

	Sistema geocéntrico	Sistema heliocéntrico
Objeto al centro	Tierra	a. __?__
Objetos que se mueven alrededor del centro	b. __?__	La Tierra y otros planetas
Propuesto por	c. __?__	d. __?__
Partidarios	e. __?__	Galileo y otros

Aplicar las destrezas

Usa el diagrama de este sistema planetario imaginario recién hallado alrededor de Estrella X para contestar las preguntas 20–22. Los periodos de revolución de los planetas A, B y C son 75 días terrestres, 200 días terrestres y 300 días terrestres.

20. Interpretar datos ¿Qué planeta de este nuevo sistema planetario gira alrededor de Estrella X en menos tiempo?

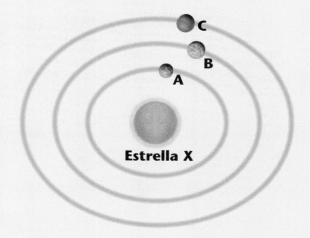

Estrella X

21. Hacer modelos En 150 días, ¿qué distancia habrá viajado cada planeta alrededor de Estrella X? Para hallar la respuesta, copia el diagrama y dibuja las posiciones de los tres planetas. ¿Qué distancia habrá viajado cada planeta alrededor de Estrella X en 400 días? Dibuja sus posiciones.

22. Sacar conclusiones ¿Es posible que en algún momento Planeta C esté más cerca a Planeta A que a Planeta B? Observa tus dibujos para explicar tu respuesta.

Razonamiento crítico

23. Relacionar causa y efecto ¿Cómo se movería la Tierra si de repente el Sol (incluyendo su gravedad) desapareciera? Explica tu respuesta.

24. Aplicar los conceptos Explica por qué haría menos calor en Venus si no tuviera atmósfera.

25. Comparar y contrastar Compara y contrasta meteoroides, meteoros y meteoritos.

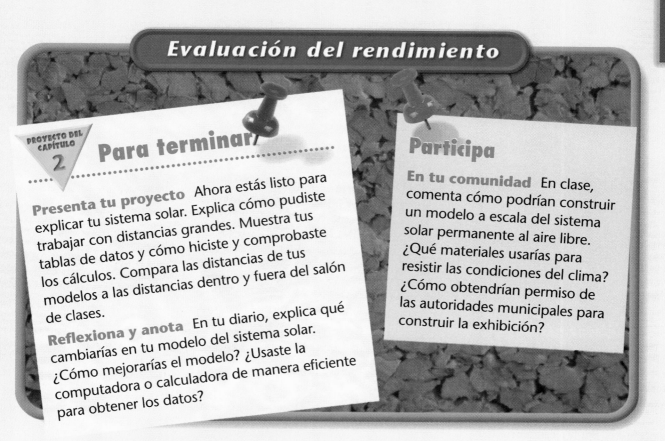

Evaluación del rendimiento

PROYECTO DEL CAPÍTULO 2

Para terminar

Presenta tu proyecto Ahora estás listo para explicar tu sistema solar. Explica cómo pudiste trabajar con distancias grandes. Muestra tus tablas de datos y cómo hiciste y comprobaste los cálculos. Compara las distancias de tus modelos a las distancias dentro y fuera del salón de clases.

Reflexiona y anota En tu diario, explica qué cambiarías en tu modelo del sistema solar. ¿Cómo mejorarías el modelo? ¿Usaste la computadora o calculadora de manera eficiente para obtener los datos?

Participa

En tu comunidad En clase, comenta cómo podrían construir un modelo a escala del sistema solar permanente al aire libre. ¿Qué materiales usarías para resistir las condiciones del clima? ¿Cómo obtendrían permiso de las autoridades municipales para construir la exhibición?

Cuentos de estrellas

En la primavera de 1997, el cometa Hale-Boop, que se muestra aquí, se podía ver fácilmente sin tener que usar algún equipo en especial. Sin embargo, muchos de los objetos que estudian los astrónomos se ven sólo como pequeños puntos de luz, esto es, si es que se pueden ver. No obstante, los astrónomos han encontrado muchas manera de estudiar estos "puntitos de luz". En este capítulo descubrirás cómo los astrónomos han estudiado el universo y qué han aprendido acerca de las estrellas. En este proyecto descubrirás cómo en el pasado se crearon historias para explicar los patrones que veían en el cielo. Aprenderás cómo los nombres de las constelaciones reflejan las culturas de los que las nombraron.

Tu objetivo Para identificar las constelaciones más grandes, aprende las historias que hay detrás de sus nombres y crea tu propio mito acerca de la constelación.

Para completar este proyecto deberás:
- conocer los patrones de cuando menos tres grandes constelaciones.
- investigar los mitos que le han dado nombre a una constelación.
- escribir un nuevo mito acerca de una constelación.

Para empezar Revisa la página 94 para aprender qué es una constelación. Con un grupo de compañeros de clase, hagan una lista de las constelaciones que hayan oído hablar. Después observa los mapas estelares del apéndice B. Del mapa de la estación actual, elige tres o cuatro constelaciones para explorar más.

Comprueba tu aprendizaje Trabajarás en este proyecto a medida que estudies este capítulo. Para mantener la continuidad de tu proyecto, busca los siguientes puntos en los recuadros de la sección Comprueba tu aprendizaje.

Repaso de la Sección 1, página 100: Localiza constelaciones e investiga una.

Repaso de la Sección 3, página 116: Haz un nuevo dibujo del patrón de estrellas de tu constelación y dale un nombre.

Repaso de la Sección 5, página 124: Escribe un cuento acerca de tu constelación.

Para terminar Al final del capítulo (página 127), presenta tu constelación junto con el cuento que explica el porqué de su nombre.

Los telescopios que están en la cima de Mauna Kea, una montaña de Hawai, se usan para estudiar estrellas y galaxias distantes.

SECCIÓN 4 **Sistemas estelares y galaxias**

Descubre ¿Por qué la Vía Láctea parece nebulosa?
Inténtalo Una galaxia espiral

SECCIÓN 5 **Historia del universo**

Descubre ¿Cómo se expande el universo?

SECCIÓN 1 Herramientas de la astronomía moderna

DESCUBRE · ACTIVIDAD

¿Los grupos de estrellas, realmente son grupos?

1. Corta 10 piezas de hilo en diferentes longitudes de 5 a 25 cm. Pega una pelota de hule espuma de 1 cm en el extremo de cada pieza de hilo.

2. Consigue una pieza de cartulina de aproximadamente 50 × 50 cm. Pega el extremo libre del hilo en varias partes de la cartulina.

3. Voltea la cartulina de tal manera que las pelotas cuelguen. Mientras tu compañero o compañera sostiene la cartulina horizontalmente, observa las pelotas desde un costado.

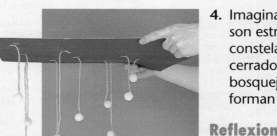

4. Imagina que las pelotas son estrellas de una constelación. Con un ojo cerrado, haz un bosquejo del patrón que forman las pelotas.

Reflexiona sobre

Observar ¿Puedes decir qué pelotas están más cerca y cuáles más lejos? ¿Crees que podrías decir qué tan cerca están unas de otras las estrellas de una constelación?

GUÍA DE LECTURA

◆ ¿Qué es el espectro electromagnético?

◆ ¿Cuál es la función más importante de un telescopio?

◆ ¿Por qué los astrónomos usan espectrógrafos?

Sugerencia de lectura **Antes de leer, revisa los encabezados principales de la sección cómo, por qué, y las preguntas de qué.**

Antes de la Guerra Civil, miles de esclavos afroamericanos huyeron hacia el norte en busca de la libertad. Al viajar en secreto por la noche, se orientaron por las estrellas. Se decían entre ellos: "sigue la calabaza", es decir, el patrón de estrellas que apunta hacia la Estrella Polar. Muchos estadounidenses la llaman actualmente la Osa mayor.

Los patrones de estrellas se llaman **constelaciones.** Las estrellas de una constelación se ven como si estuvieran juntas, aunque en realidad están a diferentes distancias de la Tierra. Por ejemplo, la estrella que está en el extremo final de la Osa mayor está como al doble de distancia de la Tierra que la mayoría de las otras estrellas de esa constelación. Las constelaciones son sólo patrones que las estrellas forman en el cielo al estar en la misma dirección.

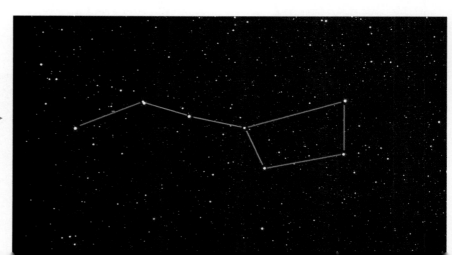

Osa mayor ▶

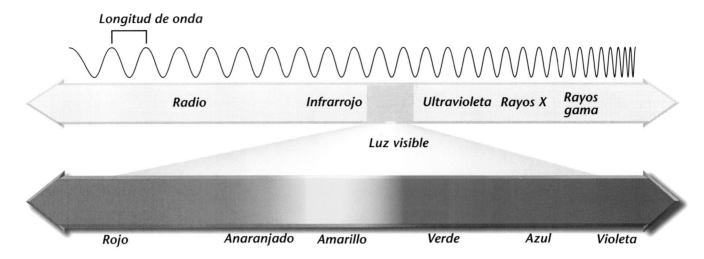

Longitud de onda

| Radio | Infrarrojo | Ultravioleta | Rayos X | Rayos gama |

Luz visible

Rojo   Anaranjado   Amarillo   Verde   Azul   Violeta

Radiación electromagnética

Las estrellas de las constelaciones parecen pequeños puntos de luz. De hecho las estrellas, como el Sol, son inmensas esferas de gas ardiente. Al estudiar la luz de las estrellas por medio de los telescopios, los astrónomos han aprendido mucho sobre las estrellas y otros objetos del espacio.

Tipos de radiación electromagnética Los científicos llaman a la luz que podemos ver con los ojos **luz visible**. La luz es una forma de **radiación electromagnética** o energía que puede viajar a través del espacio en forma de ondas.

La luz visible es sólo un tipo de radiación electromagnética. Muchos objetos emiten radiación que no podemos ver. Por ejemplo, los rollos de alambre de un calentador eléctrico emiten radiación infrarroja, que sentimos como calor. Las ondas de radio conducen la señal a los radios y las televisiones.

El espectro electromagnético Como se puede ver en la Figura 1, la distancia entre la cresta de una onda y la cresta de la onda siguiente se llama **longitud de onda**. La luz visible tiene longitudes de onda muy cortas, menores a una millonésima parte de un metro. Algunas ondas electromagnéticas tienen longitudes de onda aun menores. Otras ondas son muy largas, de varios metros de logitud.

Si se hace pasar luz blanca a través de un prisma, la luz se esparce y forma un rango de diferentes colores con diferentes longitudes de onda llamado **espectro**. El espectro de la luz visible está compuesto por los colores rojo, anaranjado, amarillo, verde, azul y violeta. **El espectro electromagnético incluye ondas de radio, radiación infrarroja, luz visible, rayos X y rayos gama.** Todas estas clases de ondas electromagnéticas componen el espectro electromagnético mostrado en la Figura 1.

☑ *Punto clave* *Da dos ejemplos de ondas electromagnéticas que uses o experimentes diariamente.*

Figura 1 Los rangos del espectro electromagnético abarcan desde las ondas de radio de larga longitud hasta las ondas cortas de los rayos gama. *Interpretar diagramas* ¿Las ondas infrarrojas son más cortas o más largas que las ultravioleta?

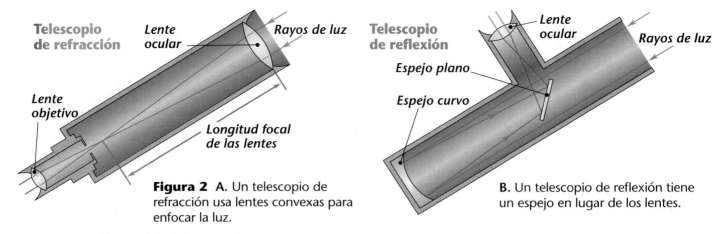

Figura 2 **A.** Un telescopio de refracción usa lentes convexas para enfocar la luz.

B. Un telescopio de reflexión tiene un espejo en lugar de los lentes.

Telescopio de refracción — *Lente ocular* — *Rayos de luz* — *Lente objetivo* — *Longitud focal de las lentes*

Telescopio de reflexión — *Lente ocular* — *Rayos de luz* — *Espejo plano* — *Espejo curvo*

Telescopios

Los objetos del espacio emiten todo tipo de radiación electromagnética. Muchos telescopios producen imágenes usando luz visible. Pero gran parte de la astronomía moderna se basa en la detección de otros tipos de radiación electromagnética. **La mayoría de los telescopios capta y enfoca diferentes tipos de radiación electromagnética, incluyendo la luz visible.**

Telescopios de luz visible En 1609, Galileo usó un telescopio de refracción para ver objetos en el cielo. Un **telescopio de refracción** usa lentes convexas para reunir una gran cantidad de luz y enfocarla dentro de una área pequeña. Una **lente convexa** es una pieza de vidrio transparente, curvada de tal manera que el centro es más grueso que los extremos.

El telescopio de Galileo, como el telescopio de refracción de la Figura 2, tenía dos lentes: una lente ocular y una lente objetivo. Cuando la luz pasa a través de la lente objetivo, enfoca la luz a cierta distancia entre las lentes. Esta distancia se llama la longitud focal de las lentes. Lentes diferentes tienen longitudes focales diferentes. El tamaño de las lentes objetivo, la mayor cantidad de luz que puede captar, hace más fácil para los astrónomos ver objetos tenues.

Isaac Newton construyó el primer **telescopio de reflexión** en 1668. Colocó un espejo en lugar de una lente objetivo. Como las lentes de un telescopio de refracción, el espejo de un telescopio de reflexión enfoca una gran cantidad de luz dentro de un área pequeña. Los más grandes telescopios de luz visible son, en la actualidad, telescopios de reflexión.

Radiotelescopios Los aparatos que sirven para detectar ondas de radio de objetos en el espacio se llaman **radiotelescopios**. La mayoría tiene superficies curvas y reflejantes de más de 305 metros de diámetro. Estas superficies enfocan ondas de radio de la misma manera que el espejo de un telescopio de reflexión enfoca ondas de luz. Las superficies de los radiotelescopios concentran las ondas tenues de radio del espacio exterior en pequeñas antenas como las de los radios. Cuanto más grande sea un radiotelescopio, más ondas de radio podrá captar.

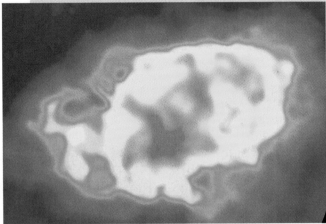

Figura 3 La nebulosa Cangrejo es el remanente de una estrella que explotó hace 1,000 años. La imagen superior se obtuvo usando la luz visible. La imagen inferior se hizo utilizando ondas de radio.

Otros telescopios   Algunos telescopios detectan radiación infrarroja, que tiene una longitud de onda mayor que la de la luz visible. También hay telescopios que detectan ondas de radio menores, como la radiación ultravioleta, los rayos X y los rayos gama.

✓ *Punto clave* *¿Cuáles son las dos clases de telescopios de luz visible?*

Observatorios

Un edificio que tenga uno o más telescopios se llama **observatorio**. Los observatorios más grandes están ubicados en lo alto de las montañas. ¿Por qué los astrónomos construyen grandes telescopios de luz visible en las cimas de las montañas? La atmósfera de la Tierra hace que los objetos en el espacio se vean borrosos. El cielo en algunas cimas de montañas se ve más claro y no se contamina con la luz de las ciudades.

Quizá el observatorio en lo alto del Mauna Kea, un antiguo volcán en la isla de Hawaii, sea el mejor ubicado del planeta. El Mauna Kea es muy alto, 4,200 metros sobre el nivel del mar, por lo que está 40 por ciento sobre la atmósfera terrestre. El cielo está muy oscuro en la noche, y muchas noches no hay nubes.

Para captar la información de los telescopios de luz visible de a Tierra, los astrónomos deben permanecer despiertos toda la noche. Sin embargo, los radiotelescopios pueden ser usados durante las 24 horas del día y no necesitan estar en lo alto de las montañas.

Satélites

INTEGRAR LA TECNOLOGÍA La mayor parte de la radiación ultravioleta, rayos X y rayos gamma es bloqueada por la atmósfera terrestre. Para detectar estas longitudes de onda, los astrónomos han colocado telescopios en los satélites.

El telescopio espacial Hubble es un telescopio de reflexión con un espejo de 2.4 metros de diámetro. Debido a que está fuera de la atmósfera, produce imágenes con luz visible siete veces más detalladas que las mejores imágenes de los telescopios terrestres. El telescopio espacial Hubble también puede recoger luz ultravioleta y radiación infrarroja.

CIENCIAS e Historia

El desarrollo de los telescopios modernos

Durante el último siglo, los astrónomos han construido grandes telescopios, que pueden recoger más luz y otros tipos de radiación. Los astrónomos actuales usan herramientas que no pudieron haber sido imaginadas hace cien años.

1897

Telescopio Yerkes

El telescopio de un metro de diámetro en el Observatorio Yerkes en Wisconsin es el telescopio de refracción más grande que se ha construido. Como su lente principal es muy grande, el telescopio Yerkes puede recoger más luz que cualquier otro telescopio de refracción.

1900	1920	1940

1931

El inicio de la radioastronomía

Karl Jansky, un ingeniero estadounidense, estaba tratando de encontrar el origen de la estática que estaba interfiriendo en las radiocomunicaciones. Con una antena grande, descubrió que la estática provenía de los objetos del espacio que emitían ondas de radio. El descubrimiento accidental de Jansky encabeza el inicio de la radioastronomía.

Espectrógrafos

Los más grandes telescopios actuales tienen espectrógrafos. Un **espectrógrafo** descompone la luz de un objeto en colores y fotografía el espectro que resulta. **Los astrónomos usan espectrógrafos para obtener información acerca de las estrellas, incluidas su composición química y temperaturas.**

Composición química Los elementos químicos en la atmósfera de una estrella absorben luz de la estrella. Cada elemento absorbe luz en diferentes longitudes de onda, y cada longitud de onda se ve en el espectro como una línea oscura. Justo como cada una de las persona que tienen un conjunto único de huellas dactilares, cada elemento tiene un patrón

En tu diario

Investiga uno de estos telescopios u otro telescopio grande. Haz un folleto publicitario donde describas las características, cuándo y dónde se construyó, y para qué tipo de investigación se usa.

1963
El radiotelescopio de Arecibo

Este radiotelescopio en Puerto Rico fue construido en una cavidad natural en el suelo. Tiene 305 metros de diámetro, más de tres veces mayor que el radiotelescopio que le sigue en tamaño.

1990
El telescopio espacial Hubble

El telescopio espacial Hubble puede ver objetos en el espacio con más claridad que cualquier otro telescopio. Los astronautas han visitado este telescopio en varias ocasiones para reparar o reemplazar equipo.

1960   **1980**   **2000**

1980
Very Large Array

El Very Large Array es un conjunto de 27 radiotelescopios en Nuevo México. Los telescopios pueden moverse para juntarlos o separarlos. Los telescopios están unidos, así que pueden usarse como si fueran un telescopio gigante de 25 kilómetros de diámetro.

1996
Telescopios Keck

Dos de los mayores telescopios reflectores son los telescopios gemelos Keck en Hawaii. Cada telescopio está hecho de 36 espejos pequeños unidos para formar un espejo curvo de 10 metros. Las computadoras ajustan las formas de los espejos para obtener imágenes claras.

Hidrógeno

Helio

Sodio

Calcio

Figura 4 Los astrónomos usan la línea de espectro para conocer la temperatura de las estrellas.

Inferir ACTIVIDAD

Las líneas de los espectros de abajo son de tres estrellas distintas. Cada uno de los espectros de la estrella está hecho con elementos según los espectros de la figura 4. En la estrella A, ¿qué elementos tienen las líneas más fuertes? ¿Cuáles son las más fuertes en la estrella B? ¿Y en la estrella C?

A

B

C

exclusivo de líneas. Comparando el espectro de una estrella con los espectros conocidos de diferentes elementos, como los de la figura 4, los astrónomos pueden inferir qué elementos hay en la estrella.

Temperaturas La mayoría de las estrellas tiene la misma composición química que el Sol, cerca de 73% de hidrógeno, 25% de helio y 2% de otros elementos. La cantidad de energía que cada uno de estos elementos absorbe depende de la temperatura de la estrella. Por esto, las estrellas de distintas temperaturas producen diferentes espectros. Comparando el espectro de una estrella con los espectros conocidos de los elementos a temperaturas diferentes, los astrónomos pueden inferir qué tan caliente está una estrella. El hidrógeno, por ejemplo, produce líneas espectrales muy fuertes cuando está a 10,000 grados Celsius. Si los astrónomos no ven una línea fuerte de hidrógeno en el espectro, esto no significa que no haya hidrógeno en esa estrella. Sólo significa que esa estrella está más fría o más caliente de los 10,000 grados Celsius.

Repaso de la sección 1

1. ¿Cuáles son los tipos principales de ondas electromagnéticas, de la más larga a la más corta?

2. ¿Con qué fin se hace la mayoría de los telescopios?

3. ¿Qué pueden decir los astrónomos viendo el espectro de una estrella?

4. ¿Cómo están relacionadas las estrellas de una constelación en el espacio?

5. **Razonamiento crítico Aplicar conceptos** ¿Por qué las imágenes del telescopio espacial Hubble son más claras que las de los telescopios terrestres?

Comprueba tu aprendizaje

PROYECTO DEL CAPÍTULO 3

Con las tablas de estrellas del Apéndice B, trata de localizar constelaciones en una noche estrellada. (Recuerda que puedes estar viendo una constelación de cabeza. También las condiciones de luz pueden determinar cuántas estrellas alcances a ver.) Dibuja las constelaciones que puedas localizar y compáralas con las que vieron tus compañeros y compañeras. Selecciona una constelación e investiga los mitos y leyendas que le den nombre. Trata de encontrar tantas historias como puedas acerca de tu constelación y haz notas con ellas.

Haz tu propio telescopio

En esta práctica de laboratorio aprenderás cómo construir y usar un telescopio de refracción sencillo. Luego probarás tu telescopio.

Problema

¿Cómo puedes construir tu telescopio?

Enfoque en las destrezas

Hacer modelos, observar, obtener conclusiones

Materiales

2 tubos de toallas de papel de diámetros ligeramente diferentes
objetivos de plástico (43-mm de diámetro, 400-mm de distancia focal)
oculares de plástico (17.5-mm de diámetro, 25-mm de distancia focal)
empaque de poliestireno para ocular
cinta adhesiva transparente
regla

Procedimiento

1. Coloca uno de los tubos de papel dentro del otro. Asegúrate de que puedas mover los tubos, pero que no se deslicen por sí solos.

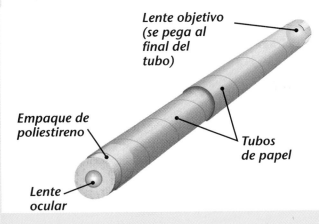

Lente objetivo (se pega al final del tubo)

Empaque de poliestireno

Tubos de papel

Lente ocular

2. Pon el lente del objetivo en el extremo del tubo exterior. Pega el lente con cinta. Trata de que la cinta adhesiva cubra lo menos posible de la lente.

3. Asegúrate de que no haya poliestireno en el centro del empaque. Inserta la lente del ocular en la abertura del empaque.

4. Pon el empaque del ocular en el interior del tubo, en el extremo opuesto al objetivo.

5. Pega la regla en una pared. Mira la regla, a través del ocular, a una distancia de 5 m. Desliza los tubos hasta que enfoques bien y puedas leer claramente los números de la regla.

6. Usa tu telescopio para mirar otros objetos a diferentes distancias, tanto en tu salón de clases como a través de la ventana.
   PRECAUCIÓN. *No mires el Sol. Puedes dañarte los ojos.*

Analizar y concluir

1. ¿Por qué necesitas dos tubos?
2. Cuando enfocas un objeto cercano o cuando enfocas algo lejano, ¿tienes que juntar o apartar los tubos?
3. ¿Cómo se puede comparar este telescopio con los que usan los astrónomos?
4. Aplicar ¿Cómo puedes perfeccionar el diseño de tu telescopio? ¿Qué efectos podrían tener diferentes lentes o tubos?

Explorar más

Sal al anochecer con un adulto y observa la Luna por unos días después de la fase del cuarto creciente. Dirige el telescopio hacia la Luna y dibuja un círculo con todas las características que veas. Señala y pon nombre a las *maria* (las depresiones) y las zonas altas.

Luz contaminante

Imagina que estás en una sala oscura viendo una película cuando se encienden las luces. Puedes seguir viendo la película, pero parecerá sin brillo y borrosa. Por la misma razón, no ves muchas estrellas si vives en o cerca de una ciudad. La luz del alumbrado de las calles y las de los señalamientos ocultan el brillo de las estrellas. A la luz artificial que hace difícil ver con claridad el cielo nocturno se le conoce como luz contaminante.

Los astrónomos construyen observatorios modernos lejos de las ciudades y de luces externas. Pero la luz contaminante sigue siendo un problema para los viejos observatorios y para los aficionados a la astronomía, como el de esta foto. Si la luz contaminante aumenta, ¿cómo podrías ver las estrellas, la Vía Láctea, los meteoros visibles y el ocasional paso de un cometa?

Temas de debate

¿Qué tan importante es la luz externa?

La luz artificial es uno de las grandes ventajas de la época moderna. El alumbrado en las calles hace más seguro conducir y reduce los accidentes. El alumbrado nocturno permite que los negocios permanezcan abiertos hasta tarde. Además, la luz nos permite sentirnos seguros en nuestras casas y en las calles.

¿Qué puede hacerse? Las luces de la calle son la causa más grande de luz contaminante. Sin embargo, algunos tipos de luz causan más contaminación que otros. Hay tres tipos de lámparas para la calle: las de vapor de mercurio, las de sodio de alta presión y las de sodio de baja presión. Las de sodio de baja presión ocasionan menos problemas a los astrónomos porque su brillo tiene un rango de amplitud de onda muy estrecho. Un simple filtro en el telescopio puede eliminar esta luz de la vista de los telescopios. Además, las luces de la calle pueden ser arregladas para que no destellen hacia arriba.

¿El reducir la luz contaminante ahorraría dinero? Las luces de vapor de mercurio son las más comunes en el alumbrado público. Sin embargo, las luces de sodio de alta y baja presión usan menos electricidad.

Al modificar el alumbrado público para reducir la luz contaminante, podría ser muy costoso al inicio. Sin embargo, reducir innecesariamente la luz y usar lámparas que usen menos electricidad podría también reducir la demanda de energía, con lo cual se ahorraría dinero.

Tú decide

1. Identifica el problema
Con tus propias palabras, explica el problema de la luz contaminante.

2. Analiza las opciones
Haz una lista de las posibles soluciones. ¿Qué procedimientos implica cada solución? Haz una lista de las ventajas y desventajas de cada solución.

3. Encuentra una solución
Descubre qué tipo de lámparas hay en tu ciudad. ¿Son lámparas arregladas? Escribe una carta al alcalde de tu ciudad donde propongas una solución para la luz contaminante de tu ciudad.

SECCIÓN 2 Características de las estrellas

DESCUBRE

¿Cómo se mueve tu pulgar?

ACTIVIDAD

1. Párate de frente a una pared a una distancia, al menos, del largo de tu brazo. Flexiona tu brazo con el pulgar hacia arriba y los dedos enrollados.

2. Cierra tu ojo derecho y mira tu pulgar con el ojo izquierdo. Alínea tu pulgar con algo en la pared.

3. Ahora, cierra tu ojo izquierdo y abre tu ojo derecho. ¿Cómo es que tu pulgar parece moverse sobre la pared?

4. Acerca tu pulgar a tu ojo, como a la mitad de la distancia anterior. Repite los pasos 2 y 3.

Reflexiona sobre

Observar ¿Cómo parece moverse tu pulgar en el paso 4 comparado con el paso 3? ¿Cómo se relacionan estas observaciones en relación con qué tan lejos esté tu pulgar en cada paso? ¿Cómo puedes usar este método para estimar distancias?

Imagina que puedes viajar a las estrellas a la velocidad de la luz. Viajar de la Tierra al Sol te llevaría como 8 minutos, ¡no mucho para tan largo viaje! Sin embargo, a la estrella más cercana, Próxima Centauri, que está mucho más lejos, un viaje te llevaría ¡4.2 años!

Muchas estrellas están mucho más lejos que Próxima Centauri. Nuestro Sol y Próxima Centauri son sólo dos de las estrellas que forman la Vía Láctea. La Vía Láctea es una estructura gigante y aplanada, llamada **galaxia**, que contiene miles de millones de estrellas. A la velocidad de la luz, te llevaría 25 000 años viajar 250 mil millones de kilómetros hacia el centro de la galaxia. Si dejas la galaxia y viajas a la velocidad de la luz, finalmente llegarías a Andrómeda, que es otra galaxia.

Hay miles de millones de galaxias en el **universo**, que los astrónomos definen como todo el espacio y todo lo que hay en él. Como las galaxias están tan apartadas, la mayor parte del universo es vacío. Si nuestra galaxia fuera del tamaño de una moneda de 10 centavos, Andrómeda estaría como a medio metro. El resto del universo, tan lejos como los astrónomos han podido observar, se extendería por cerca de dos kilómetros en todas direcciones.

GUÍA DE LECTURA

◆ ¿Cómo miden los astrónomos las distancias a las estrellas cercanas?

◆ ¿Cómo se clasifican las estrellas?

Sugerencia de lectura
Conforme leas, haz una lista de las características de las estrellas. Escribe una oración que describa cada característica.

Distancias a las estrellas

Las distancias a las estrellas con frecuencia se miden en kilómetros. Sin embargo, como has visto, las distancias a las estrellas son tan grandes que un kilómetro no es una unidad de medida práctica. En lugar de kilómetros, los astrónomos usan una unidad denominada año luz. En el espacio, la luz viaja a una velocidad de 300,000 kilómetros por segundo. Un **año luz** es la distancia que la luz viaja en un año, o sea 9.5 millones de kilómetros. Advierte que el año luz es una unidad de distancia, no de tiempo.

Para ayudarte a entender qué es un año luz, considera un ejemplo cotidiano. Si viajas en bicicleta a 10 kilómetros por hora, te llevaría una hora ir al centro comercial que está a 10 kilómetros. Podrías decir que el centro comercial está a una distancia de "1 hora-bicicleta".

Le lleva a la luz 4.2 años llegar de la Tierra a Próxima Centauri, por lo que Próxima Centauri está a 4.2 años luz o a 40 millones de millones de kilómetros de distancia.

✓ *Punto clave* ¿Cuántos kilómetros hay en 3 años luz?

Medir las distancias a las estrellas

De pie en la Tierra y mirando el cielo, parecería que no hay manera de decir qué tan lejos están las estrellas. Sin embargo, los astrónomos han encontrado una forma de medir esas distancias. **Los astrónomos con frecuencia usan el paralaje para medir las distancias a las estrellas cercanas.**

El **paralaje** es el cambio aparente en la posición de un objeto cuando es visto de diferentes lugares. Por ejemplo, imagina que tú y una amiga han ido al cine. Después de sentarse, una mujer con un sombrero grande se sienta enfrente de ustedes. Como tú y tu amiga están sentadas en posiciones diferentes, el sombrero de la mujer bloquea distintas partes de la pantalla. Si tú estás sentada a su izquierda, el sombrero aparentará estar enfrente del dinosaurio. Pero para tu amiga, quien está sentada a su derecha, la mujer parecerá estar enfrente del pájaro.

¿Se han movido la mujer y su sombrero? No, pero por las posiciones relativas de ustedes, la mujer parece que se ha movido. Este movimiento aparente es el paralaje.

Los astrónomos usan el paralaje para medir las distancias a las estrellas cercanas. Miran una estrella cuando la Tierra está a un lado del Sol.

Figura 5 Tú y un amigo están sentados atrás de una mujer con un sombrero grande.
Aplicar los conceptos ¿Por qué tu visión es diferente de la de tu amigo?

La visión de tu amigo

Tu visión

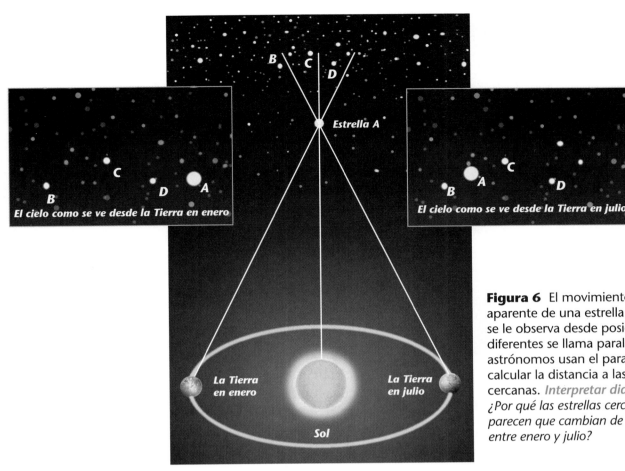

Figura 6 El movimiento aparente de una estrella cuando se le observa desde posiciones diferentes se llama paralaje. Los astrónomos usan el paralaje para calcular la distancia a las estrellas cercanas. *Interpretar diagramas* ¿*Por qué las estrellas cercanas parecen que cambian de posición entre enero y julio?*

Después, observan la misma estrella seis meses después, cuando la Tierra está al otro lado del Sol. Los astrónomos miden qué tanto parece que la estrella se ha movido respecto de un fondo de estrellas que esta mucho más lejos. Ellos pueden usar esta medida, llamada cambio de paralaje, para calcular a qué distancia está una estrella.

El paralaje no se puede usar para medir distancias mayores de 1000 años luz. La distancia de una estrella que está más lejos parecería cambiar al verse desde lados opuestos de la órbita de la Tierra, puesto que esta distancia es muy pequeña para medirla correctamente.

Clasificar estrellas

Como el Sol, todas las estrellas son enormes esferas de gas incandescente. Están formadas principalmente de hidrógeno, y producen energía por fusión nuclear. Esta energía hace que las estrellas brillen. El Sol es sólo una estrella con brillo promedio. Sin embargo, el Sol está mucho más cerca de la Tierra que cualquier otra estrella. Como está tan cercana, el Sol parece mucho más brillante y grande que cualquier otra estrella. Pero el Sol no es ni la más brillante ni la más grande estrella de la galaxia.

Los astrónomos clasifican las estrellas de acuerdo con sus características físicas. **Las características principales que se usan para clasificar las estrellas son el tamaño, la temperatura y el brillo.**

Estrella de neurones

(El sol)
Estrella tamaño promedio

Estrella enana blanca

Estrella gigante

Estrella supergigante

Figura 7 A. El rango de las estrellas por su tamaño va desde las estrellas de neutrones hasta las enormes supernovas. **B.** La estrella más brillante es Sirio A. La estrella más débil, en un círculo amarillo, es Sirio B, una enana blanca. *Observar El Sol, ¿de qué tamaño es?*

El tamaño de las estrellas

Cuando ves las estrellas en el cielo, parece que todas tienen el mismo tamaño. Muchas estrellas, en efecto, son del tamaño del Sol, que es una estrella de tamaño promedio. Sin embargo, algunas estrellas son mucho más grandes que el Sol. Las estrellas muy grandes se llaman **estrellas gigantes** o supergigantes. Si la estrella supergigante Betelgeuse estuviera situada donde está nuestro Sol, sería tan grande como para llenar el sistema solar más allá de Júpiter.

Algunas estrellas son mas pequeñas que el Sol. Las enanas blancas son como del tamaño de la Tierra. Las estrellas de neutrones son incluso más pequeñas, sólo de 20 kilómetros de diámetro.

☑ *Punto clave Nombra cinco tamaños de estrellas, en orden de la más grande a la más pequeña.*

El color y la temperatura de las estrellas

Si observas el cielo durante la noche, puedes ver ligeras diferencias en los colores de las estrellas. La Figura 8 muestra la constelación conocida como Orión, El Cazador. La estrella roja del hombro de Orión es Betelgeuse. La estrella azul–blanca en el talón de Orión es llamada Rigel.

El color de una estrella indica su temperatura. Los objetos calientes en la Tierra muestran el mismo patrón de colores que las estrellas. Si observas como se calienta un tostador, puedes ver los alambres encenderse al rojo vivo. El alambre dentro de un foco está más caliente y se enciende hasta el blanco. De manera semejante, las estrellas más frías —cercanas a los 3 200 grados Celsius— parecen rojizas en el cielo. La rojiza Betelgeuse es una estrella fría. Con una temperatura en la superficie cercana a los 5 500 grados Celsius, el Sol resplandece blanco. Las estrellas más calientes —más de 10 000 grados Celsius —parecen ligeramente más azules que el Sol. La azul-blanca Rigel es una estrella muy caliente, de más de 15 000 grados Celsius.

El brillo de las estrellas

Las estrellas también se diferencian por su brillo, por la cantidad de luz que irradian. El brillo de una estrella depende de su tamaño y de su temperatura. Recuerda del Capítulo 2 que la fotosfera es la capa de una estrella que irradia luz. Betelgeuse es una estrella moderadamente fría, por lo que cada metro cuadrado de su fotosfera no da mucha luz. Sin embargo, es muy grande y por esto brilla. Por el otro lado, Rigel es muy caliente, por lo que cada metro cuadrado de su fotosfera da mucha luz. No obstante, siendo mucho más pequeña que Betelgeuse, Rigel también brilla.

Qué tan brillante se vea una estrella desde la Tierra depende tanto de qué tan lejos esté de la Tierra como de qué tan brillante es en realidad. Por estos dos factores, el brillo de una estrella puede describirse de dos formas distintas: magnitud aparente y magnitud absoluta.

Magnitud aparente La **magnitud aparente** de una estrella es su brillo visto desde la Tierra. Los astrónomos pueden medir la magnitud aparente con cierta facilidad utilizando aparatos electrónicos

Los astrónomos no pueden decir qué tanta luz da una estrella a partir de su magnitud aparente. Así como una lámpara se ve más brillante si está cerca de ti, una estrella parece más brillante si está cerca de la Tierra. Por ejemplo, el Sol se ve muy brillante. Esto no significa que el Sol dé más luz que todas las otras estrellas. El Sol se ve tan brillante simplemente porque está más cerca de la Tierra.

Figura 8 La constelación de Orión incluye a Betelgeuse, una estrella supergigante roja, y a Rigel, una estrella supergigante azul.

Figura 9 Todas las estrellas de una nebulosa están a la misma distancia de la Tierra.

Magnitud absoluta La **magnitud absoluta** de una estrella es el brillo que una estrella tendría si estuviera a una distancia estándar de la Tierra. Encontrar la magnitud absoluta de una estrella es más complicado que encontrar su magnitud aparente. Un astrónomo debe encontrar primero la magnitud aparente de una estrella y su distancia de la Tierra. Entonces, el astrónomo puede calcular el brillo de una estrella si ésta estuviera a una distancia estándar de la Tierra.

La Figura 9 muestra una nebulosa, un grupo de 10,000 a 1,000,000 de estrellas que están muy cercanas entre sí. Las estrellas de una nebulosa están todas aproximadamente a la misma distancia de la Tierra. Así que los astrónomos estudian las nebulosas para comparar el brillo aparente de las estrellas. Si una estrella de una nebulosa parece más brillante que otra, en verdad es una estrella más brillante que la otra.

El diagrama de Hertzsprung-Russell

Dos de las más importantes características de las estrellas son la temperatura y la magnitud absoluta. Hace como 100 años, Ejnar Hertzsprung en Dinamarca y Henry Norris Russell en los Estado Unidos, cada uno, hicieron unas gráficas para investigar si la temperatura y el brillo están relacionados. Trazaron la temperatura de las estrellas en el eje de las X y su brillo en el de las Y. Los puntos formaron un patrón.

La gráfica que hicieron la siguen usando los astrónomos. Se llama **diagrama de Hertzsprung-Russell**, o diagrama H-R. Como puedes ver en la Figura 10, la mayoría de las estrellas en el diagrama H-R forman una línea diagonal conocida como **secuencia principal**. En la secuencia principal, la temperatura de la superficie se incrementa a medida que aumenta el brillo. Más del 90% de todas las estrellas son estrellas de la secuencia principal. El Sol está entre las estrellas de la secuencia principal. Las estrellas gigantes y las supergigantes están más arriba y más alejadas hacia la derecha en el diagrama H-R. Las enanas blancas son calientes, pero no muy brillantes, por lo que aparecen en el centro inferior del diagrama.

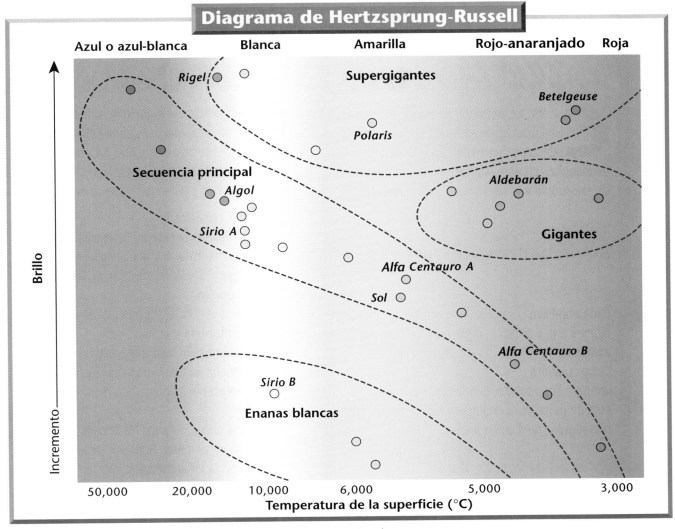

Diagrama de Hertzsprung-Russell

Azul o azul-blanca   Blanca   Amarilla   Rojo-anaranjado   Roja

Rigel

Supergigantes

Betelgeuse

Polaris

Secuencia principal

Algol

Aldebarán

Sirio A

Gigantes

Alfa Centauro A

Sol

Alfa Centauro B

Sirio B

Enanas blancas

Brillo

Incremento

50,000   20,000   10,000   6,000   5,000   3,000

Temperatura de la superficie (°C)

Figura 10 El diagrama de Hertzsprung-Russell muestra la relación entre
la temperatura de la superficie y el brillo.
Interpretar diagramas ¿Cuál estrella es más caliente, Aldebarán o Rigel?

Repaso de la sección 2

1. ¿Qué es el paralaje? ¿Por qué es útil en astronomía?
2. Enumera tres características que se empleen para clasificar estrellas.
3. ¿Qué estrella es más caliente, una roja o una azul? ¿Por qué?
4. **Razonamiento crítico Aplicar los conceptos** Las estrellas A y B tienen la misma magnitud aparente, pero la estrella A está aproximadamente dos veces más lejos de la Tierra que la estrella B. ¿Cuál estrella tiene la mayor magnitud absoluta? Explica tu respuesta.

Las ciencias en casa

Con algún adulto de tu familia, sal en una noche clara y oscura. Determina en qué dirección está el norte, el sur, el este y el oeste. Usando la tabla de estrellas correcta del Apéndice B, según la estación, busca la constelación de Orión. Encuentra la estrella Betelgeuse y Rigel en Orión y explica a tu familia por qué son de distintos colores.

Laboratorio de destrezas

¿QUÉ TAN LEJOS ESTÁ ESA ESTRELLA?

Cuando los astrónomos miden el paralaje, registran las posiciones de las estrellas en películas dentro de cámaras unidas a los telescopios. En este laboratorio, harás un modelo de telescopio y lo usarás para estimar distancias.

Problema

¿Cómo se usa el paralaje para determinar distancias?

Materiales

cinta adhesiva   sujetapapeles   bolígrafo
lápices rojo y negro   regla métrica   papel
extensión   vara métrica
    calculadora
lámpara sin pantalla, con foco de 100 vatios
caja de papel para copiadora (sin tapa) mesa plana
rectangular, de 1 m de ancho

Procedimiento

Parte 1 Modelo de telescopio

1. Coloca la lámpara en una mesa en medio del salón de clases.

2. Con la punta del bolígrafo, haz un pequeño agujero en medio de uno de los lados de la caja. La caja representa un telescopio.

3. Al frente del salón de clases, coloca la caja en una mesa plana de tal manera que el agujero apunte hacia la luz. Alínea el lado superior izquierdo de la caja con el borde izquierdo de la mesa.

4. Pega un pedazo de cinta adhesiva en la mesa bajo el agujero. Marca la cinta adhesiva directamente bajo el agujero. La marca representa la posición del telescopio cuando la Tierra está en una parte de su órbita.

Parte 2 Estrella 1

5. En una hoja de papel escribe Estrella 1 y colócalo dentro de la caja como se muestra en la figura. Sostén el papel en su lugar con dos sujetapapeles.

6. Oscurece el cuarto. Prende la luz para representar una estrella.

7. Con un lápiz rojo, marca el papel donde veas una mancha de luz. Marca la mancha como A. Ésta representa la imagen de la estrella del filme.

8. Alínea el borde derecho de la caja con el lado derecho de la mesa. Repite el paso 4. La marca en la cinta adhesiva representa la posición del telescopio seis meses después.

9. Repite el paso 7 y marca la segunda mancha como B con un lápiz negro. La mancha B representa la imagen de la estrella después de seis meses desde el otro lado de la órbita de la Tierra.

10. Quita el papel. Antes de seguir copia los datos de tu tabla en tu cuaderno.

11. Mide y anota la distancia en milímetros entre las manchas A y B. Esta distancia representa el cambio de paralaje para la estrella 1.

TABLA DE DATOS

Estrella	Cambio de paralaje (mm)	Longitud focal (mm)	Diámetro de la órbita (mm)	Distancia calculada a la estrella (mm)	Distancia calculada a la estrella (m)	Distancia real a la estrella (m)

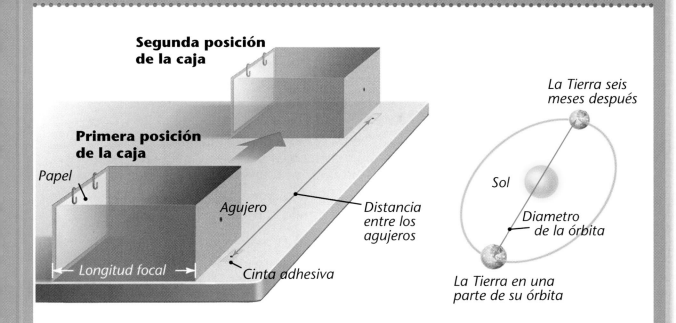

Segunda posición de la caja

Primera posición de la caja

Papel

Agujero

Longitud focal

Distancia entre los agujeros

Cinta adhesiva

La Tierra seis meses después

Sol

Diametro de la órbita

La Tierra en una parte de su órbita

12. Mide y anota la distancia desde el agujero (lentes) hasta el papel (filme) en la parte trasera de la caja en milímetros. Esta distancia representa la longitud focal de tu telescopio.

13. Mide y anota la distancia en milímetros entre las marcas de los dos pedazos de cinta adhesiva. Esta distancia representa el diámetro de la órbita de la Tierra.

Parte 3 Estrellas 2 y 3

14. Aleja la lámpara de la mesa, aproximadamente la mitad de la distancia de la parte de atrás del salón. Ahora la lámpara representa la estrella 2. Haz una predicción sobre lo que pasará con la imagen de la luz en tu papel.

15. Repite los pasos 6 a 11 con otra hoja de papel para buscar el cambio de paralaje para la estrella 2.

16. Aleja la lámpara al fondo del salón. Ahora el foco representa a la estrella 3. Repite los pasos 6 a 11 con una nueva hoja de papel para buscar el cambio de paralaje para la estrella 3.

Analizar y concluir

1. ¿Qué pasó con la mancha de luz de cada estrella al mover el modelo de telescopio de un lado a otro de la órbita de la Tierra?

2. ¿Qué causó el cambio aparente en la posición de las manchas de luz de cada estrella? Explica.

3. Con la siguiente fórmula, calcula la distancia del telescopio a la estrella 1.

$$\text{Distancia} = \frac{\text{Diámetro} \times \text{Longitud focal}}{\text{Cambio de paralaje}}$$

4. Divide el resultado del Punto 3 entre 1000 para obtener la distancia de la luz del foco en metros.

5. Repite los pasos 3 y 4 para las estrellas 2 y 3.

6. ¿Fue correcta tu predicción en el paso 14? ¿Por qué sí o por qué no?

7. ¿Es el cambio de paralaje mayor o menor que la distancia a que se encuentra la estrella? Relaciona el cambio de paralaje de cada estrella con su distancia de la Tierra.

8. Piensa en esto Con una regla métrica, mide la distancia que hay entre la caja y el foco. ¿Es diferente de tu cálculo para la estrella 3? ¿Cómo podrías mejorar el resultado?

Crear un experimento

¿Qué pasaría si fueras alejando la lámpara de la caja? ¿Hay una distancia a la que ya no podrías encontrar la distancia de la estrella? Crea un experimento para descubrirlo.

DESCUBRE

¿Qué determina la vida de las estrellas?

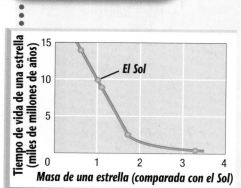

El Sol

Tiempo de vida de una estrella (miles de millones de años)

Masa de una estrella (comparada con el Sol)

1. Esta gráfica muestra cómo la masa de una estrella está relacionada con su tiempo de vida, qué tanto una estrella vive antes de que se le agote su combustible.

2. ¿Qué tanto vive una estrella con 0.8 veces la masa del Sol? ¿Qué tanto vive una estrella con 1.7 veces la masa del Sol?

Reflexiona sobre

Sacar conclusiones Define la relación entre la masa de una estrella y su tiempo de vida.

GUÍA DE LECTURA

◆ ¿Cómo comienza la vida de una estrella?

◆ ¿Qué determina la vida de las estrellas?

◆ ¿Qué pasa con una estrella cuando se queda sin combustible?

Sugerencia de lectura
Conforme leas, haz un diagrama de flujo que muestre las etapas de la vida una estrella de tamaño mediano?

Jocelyn Bell hoy día ▼

En 1967, Jocelyn Bell, una estudiante inglesa de astronomía, detectó un objeto en el espacio que emitía pulsos regulares de ondas de radio. Algunos astrónomos formularon la hipótesis de que los pulsos quizá eran una señal de una civilización extraterrestre. En un principio, los astrónomos denominaron la fuente como LGM, por "Little Green Men" de los primeros cuentos de ficción. Finalmente, los astrónomos concluyeron que la fuente de las ondas de radio era una estrella de neutrones. Una estrella de neutrones es una estrella pequeña que queda después de la explosión de una supernova. Como producen pulsos de ondas de radio, las estrellas de neutrones, como la que descubrió Bell, se llaman **pulsares**, por ser emisores pequeños de pulsos de radio.

Estudiar la vida de las estrellas

Las estrellas no son eternas. Cada estrella nace, tiene un cliclo de vida y luego muere. (Por supuesto, las estrellas no viven en realidad. Las palabras *nacen, viven* y *mueren*, sólo son para comparar.) ¿Cómo se explicaron los astrónomos que la estrella de neutrones Bell había sido una gran estrella en sus principios?

Imagina que quieres estudiar la edad de las personas. ¡Quizá desearías estudiar a las personas por unos 50 años, pero debes entregar tu tarea la próxima semana! Debes estudiarla por un tiempo breve, y clasificarlas en distintos grupos de edades. Puedes comenzar con grupos como *nenes, niños, adolescentes, adultos jóvenes, gente de mediana edad y ancianos*. No hay tiempo para ver a un individuo a través de todas esas etapas, pero sabes que existen esas etapas.

Los astrónomos tienen un problema similar con las estrellas. No pueden observar una estrella por millones de años, por lo que estudian muchas de ellas y ven qué tan diferentes son unas de otras.

Nace una estrella

Una estrella está hecha de una gran cantidad de gas en un volumen relativamente pequeño. Una **nebulosa**, por otro lado, es una concentración enorme de gas y polvo, extendida en un inmenso volumen. Todas las estrellas inician sus vidas como partes de nebulosas.

La gravedad puede juntar algo de gas y polvo en una nebulosa. Entonces, a esa nube en contracción se le llama protoestrella. *Proto* significa "lo primero" en griego, entonces una **protoestrella** es la primera etapa en la vida de una estrella. **Una estrella nace cuando polvo y gas en contracción se ponen tan calientes que inician una fusión nuclear.** Recuerda del Capítulo 2 que la fusión nuclear es un proceso por el cual los átomos de hidrógeno se combinan para formar helio. Durante la fusión, se liberan grandes cantidades de energía.

La vida de las estrellas

Antes de decir qué tan vieja es una estrella, los astrónomos deben determinar su masa. **Qué tanto viva una estrella depende de qué tanta masa tenga.**

Puedes pensar que las estrellas son como los carros. Un carro pequeño tiene un tanque pequeño para la gasolina, pero también tiene un motor pequeño que la quema lentamente. Un carro grande, por el otro lado, tiene un tanque grande para la gasolina, pero también tiene un motor grande que la consume con rapidez. Por lo tanto, el carro pequeño podrá viajar más lejos con un tanque pequeño de gasolina que el carro grande con un tanque grande de gasolina. Las estrellas pequeñas agotan su combustible más lentamente que las estrellas grandes, por lo que tienen vidas más largas.

Generalmente, las estrellas que tienen menos masa que el Sol usan su combustible lentamente, y pueden vivir más de 200 mil millones de años. Las estrellas medio masivas, como el Sol, viven cerca de 10 mil millones de años. Los astrónomos piensan que el Sol tiene 4.6 mil millones de años, por lo que está casi a la mitad de su vida.

Una estrella que es 15 veces tan masiva como el Sol es posible que viva sólo cerca de 10 millones de años. Eso puede parecer un tiempo muy grande, pero es sólo un décimo del uno por ciento de la vida del Sol.

☑ *Punto clave* Si una estrella es el doble de masiva que el Sol, ¿tendrá una vida más corta o más larga que la del Sol?

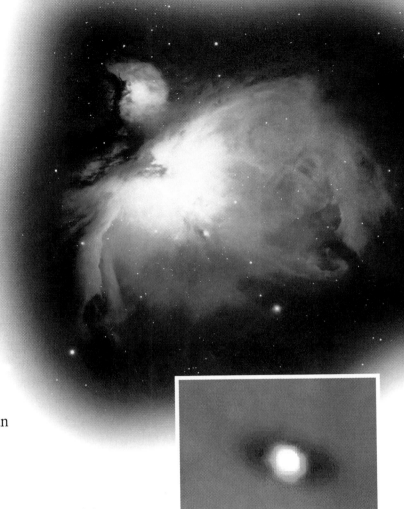

Figura 11 La nebulosa de Orión, arriba, es una nube gigante de gas y polvo. El telescopio espacial Hubble tomó esta fotografía de una protoestrella, abajo, en la nebulosa de Orión. Una protoestrella es una estrella en sus primeras etapas de vida. *Aplicar los conceptos ¿Cómo se convierten el gas y el polvo de una nebulosa en una protoestrella?*

Figura 12 La supernova 1987A es la más brillante que se haya visto en cientos de años. La flecha de la foto de la izquierda señala la estrella original, antes de que explotara. *Hacer generalizaciones ¿Por qué los astrónomos antiguos pudieron ver las supernovas?*

La extinción de las estrellas

Cuando una estrella empieza a terminar su combustible, su núcleo no libera más energía. El centro de la estrella se encoge y la parte externa de la estrella se expande. Todas las estrellas se convierten al final en gigantes rojas o en supergigantes. Sin embargo, lo que ocurra después depende de la masa de la estrella, como lo muestra *Explorar la vida de las estrellas*. **Cuando una estrella se acaba su combustible, se convierte en una enana blanca, en una estrella de neutrones o en un agujero negro.**

Enanas blancas Las estrellas pequeñas y medianas agotan su combustible nuclear en 10 mil millones de años o más. Después sus capas exteriores se expanden y se convierten en gigantes rojas. Finalmente, las partes externas crecen todavía más y vagan por el espacio. El núcleo caliente azul-blanco de una estrella que queda es una **enana blanca**.

Las enanas blancas son del tamaño de la Tierra, pero tienen tanta masa como el Sol. Como una enana blanca tiene la misma masa que el Sol pero solamente una millonésima de su volumen, es un millón de veces tan densa como el Sol. Una cucharada de material proveniente de una enana blanca tendría tanta masa como un camión grande. Cuando una enana blanca deja de brillar, está muerta. Entonces recibe el nombre de enana negra.

Estrellas de neutrones Una estrella gigante o supergigante en extinción puede explotar repentinamente. En horas la estrella arde millones de veces más brillante. La explosión se llama **supernova** (Figura 12). Después de una supernova, algo del material de la estrella se expande hacia el espacio. Puede convertirse en parte de una nebulosa. La nebulosa puede entonces contraerse para formar una estrella nueva pero "reciclada". Los astrónomos piensan que el Sol empezó como una nebulosa que contenía material de una explosión de una supernova.

Después de que una estrella explota, queda algo de material. Éste forma una **estrella de neutrones** más pequeña y densa que las enanas blancas. Una estrella de neutrones es posible que tenga tres veces la masa del Sol pero sólo 20 kilómetros de diámetro.

Predecir ACTIVIDAD

Encuentra Algol, Polaris y Sirio B en el diagrama H-R de la página 109. Para cada estrella escribe una oración donde predigas cuál será la siguiente etapa en su vida.

Agujeros negros Las estrellas extremadamente masivas —aquellas que tienen más de 40 veces la masa del Sol— se convierten en **agujeros negros** cuando mueren. Después de que esta clase de estrella se convierte en una supernova, es posible que quede más de cinco veces la masa del Sol. La gravedad de esta masa es tan fuerte que el gas es atraído a su interior, reduciéndolo a un espacio cada vez más pequeño. Finalmente, una masa como cinco veces la masa del Sol se compacta en una esfera de 30 kilómetros de diámetro. Para este momento, la gravedad es tan fuerte que nada puede escapar, ni siquiera la luz. Los remanentes de una estrella se convierten en un agujero negro.

EXPLORAR *la vida de las estrellas*

El ciclo de vida de las estrellas dependen de su masa. El sol es una estrella que se convertirá en una enana blanca y después en una enana negra.

Gigante roja o supergigante

Cuando una estrella empieza a quedarse sin combustible, se expande y se convierte en gigante o supergigante.

La vida de una estrella empieza cuando polvo y gases dentro de una nebulosa se contraen y forman una protoestrella.

Protoestrella

Nebulosa

Las estrellas gigantes y supergigantes pueden explotar y convertirse en supernovas.

Supernova

Las estrellas pequeñas y medianas se convierten en gigantes rojas y después en enanas blancas.

Enana blanca

Los remanentes de las estrellas extremadamente masivas se colapsan en agujeros negros. Ni siquiera la luz puede escapar de un agujero negro.

Agujero negro

Los remanentes de una supernova se convierten en una estrella de neutrones.

Cuando una enana blanca pierde su energía se convierte en una enana negra.

Estrella de neutrones

Enana negra

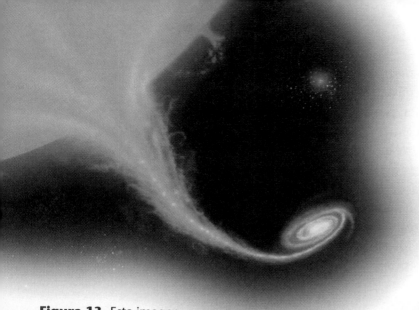

Figura 13 Esta imagen de un artista muestra a un agujero negro atrayendo materia de una estrella acompañante. El material brilla conforme se jala dentro del agujero negro. *Aplicar los conceptos Si es imposible detectar un agujero negro directamente, ¿cómo los descubren los astrónomos?*

Ni luz, ni ondas de radio ni cualquier otra forma de radiación pueden salir de un agujero negro, por lo que no es posible detectarlo directamente. Pero los astrónomos pueden detectar los agujeros negros indirectamente.

Por ejemplo, el gas cercano a un agujero negro es atraído de manera tan intensa que gira cada vez más rápido alrededor del agujero negro. La fricción enciende el gas. Los astrónomos pueden detectar rayos X provenientes del gas caliente e inferir que hay un agujero negro. De forma semejante, si una estrella está cerca de un agujero negro, los astrónomos pueden calcular la masa del agujero negro por el efecto en la gravedad de la estrella.

Quasares En los años sesenta, los astrónomos descubrieron varios objetos extraños porque eran muy brillantes, pero también porque estaban muy lejanos. Muchos de estos objetos están a unos 12 mil millones de años luz, por lo que son de los objetos más distantes en el universo. Estos objetos alejados y brillantes se ven casi como estrellas. Como *quasi* significa "parecido a" en latín, a estos objetos se les dio el nombre de objetos *quasi*-estrellas o **quasares**.

¿Qué puede ser tan brillante a pesar de estar tan lejos? Los astrónomos han llegado a la conclusión de que los quasares son galaxias distantes con agujeros negros gigantes en su parte central. Cada agujero negro tiene una masa de mil millones de veces más grande que el Sol. Como gira una enorme cantidad de gas alrededor de un agujero negro como ese, el gas se enciende y brilla.

Repaso de la sección 3

1. ¿Cuál es la primera etapa en la vida de una estrella?
2. ¿Por qué las estrellas pequeñas tienen vidas más largas que las estrellas grandes?
3. ¿Cuál es la diferencia entre las estrellas que se convierten en enanas blancas y las que se convierten en estrellas de neutrones?
4. ¿Qué evidencia utilizan los astrónomos para detectar los agujeros negros?
5. **Razonamiento crítico** Inferir ¿Qué le pasará al Sol cuando muera? Explica tu respuesta.

Comprueba tu aprendizaje

PROYECTO DEL CAPÍTULO 3

Dibuja y rotula las estrellas de tu constelación sin las líneas que las unen para formar la imagen conocida. ¿Qué patrones diferentes puedes distinguir? (*Sugerencia*: Usa un lápiz para trazar distintas conexiones entre las estrellas.) ¿A qué se parece cada modelo? Escoge un modelo y úsalo para nombrar tu constelación. Después escribe un esquema con una breve historia que explique por qué la constelación está en el cielo.

SECCIÓN 4 Sistemas estelares y galaxias

DESCUBRE

ACTIVIDAD

¿Por qué la Vía Láctea parece nebulosa?

1. Con un lápiz, haz por lo menos 20 agujeros juntos en una hoja blanca. Ten cuidado al usar el lápiz.

2. Pega la hoja en el pizarrón o en una pared oscura.

3. Dirígete al otro lado del cuarto y observa la hoja. Desde el lado más alejado del cuarto, ¿qué parecen los puntos? ¿Puedes ver los puntos en forma individual?

Reflexiona sobre

Hacer modelos ¿Qué semejanza hay entre ver el papel desde la parte más alejada del cuarto y ver muchas estrellas distantes que están muy juntas? ¿En qué se parece tu modelo a la fotografía de la Vía Láctea?

En el campo, en una noche clara y oscura de verano, puedes ver una banda nebulosa de luz que se extiende en el cielo. Esta banda de estrellas se llama Vía Láctea. Parece que está muy alejada de la Tierra; sin embargo, ¡la Tierra está dentro de la Vía Láctea! ¿Cómo es posible esto? Antes de que entiendas la respuesta a esta pregunta, necesitas saber más acerca de cómo se agrupan las estrellas.

Sistemas de estrellas y planetas

Nuestro sistema solar tiene una sola estrella, el Sol. **Sin embargo, más de la mitad de todas las estrellas pertenecen a grupos de dos o más estrellas, llamados sistemas de estrellas.** Si te encontraras en algún planeta de uno de estos sistemas de estrellas, posiblemente verías dos o más soles en el cielo.

Estrellas dobles y triples Los sistemas de estrellas con dos estrellas se llaman estrellas dobles o **estrellas binarias.** (El prefijo *bi-* significa "dos".) Aquéllos con tres estrellas se denominan estrellas triples. Próxima Centauri es tal vez parte de un sistema de estrellas triples cercano a nuestro Sol. Las otras dos estrellas del sistema, Alpha Centauri A y Alpha Centauri B, forman una estrella doble. Los científicos no están seguros de si Próxima Centauri es parte de ese sistema o sólo está pasando muy cerca de las otras dos estrellas.

En ocasiones se puede detectar una estrella binaria aun cuando sólo una estrella del par sea visible desde la Tierra. Por ejemplo, puede ser que la estrella más oscura pase enfrente de la otra estrella y la eclipse. El fenómeno en que una estrella bloquea la luz de otra se llama **eclipse binario**. Como lo muestra la Figura 14, la estrella Algol es en realidad parte de un eclipse binario.

GUÍA DE LECTURA

◆ ¿Qué es un sistema de estrellas?

◆ ¿Cuáles son los tres tipos de galaxias?

Sugerencia de lectura Antes de leer, revisa los términos que están en negritas. Conforme vayas leyendo, observa las fotografías o diagramas que ilustran cada término.

La Vía Láctea ▶

Figura 14 Algol y la estrella que la acompaña forman un eclipse binario. Cada vez que la estrella oscura pasa enfrente de Algol, da la impresión de que ésta desaparece. *Interpretar diagramas* ¿Cuándo reaparece Algol?

Algol

Estrella oscura

Figura 15 Si ves que alguien está bailando pero no puedes ver a su pareja, puedes inferir que la pareja está ahí al observar al bailarín que sí puedes ver. Los astrónomos usan un método análogo para detectar estrellas borrosas en los sistemas de estrellas.

Con frecuencia los astrónomos pueden afirmar que hay una segunda estrella en un sistema mediante de la observación de los efectos de la gravedad. Como la segunda estrella gira alrededor de la primera, la gravedad de la segunda provoca que la primera se mueva de adelante hacia atrás. Imagina que estás observando una pareja de bailarines y que cada uno da vueltas alrededor del otro. Aun cuando un bailarín fuera invisible, podrías decir que éste efectivamente está ahí al observar el movimiento del bailarín que es visible.

Planetas alrededor de otras estrellas En 1995, los astrónomos descubrieron un planeta que giraba alrededor de una estrella por medio de un método semejante al empleado para detectar las estrellas binarias. La estrella que los astrónomos estuvieron observando, Pegaso 51, se movía hacia adelante y hacia atrás muy ligeramente. Por ello, sabían que el objeto invisible no tenía la suficiente masa para ser una estrella. Dedujeron que debía ser un planeta.

Antes de este descubrimiento, no había forma de saber si otras estrellas, aparte del sol, tenían planetas que giraban alrededor de ellas. En la actualidad los astrónomos están completamente seguros de que nuestro sistema solar no es el único. Todos los planetas encontrados más allá de nuestro sistema solar son muy grandes; tienen, por lo menos, la mitad de la masa de Júpiter. Un planeta pequeño sería difícil de detectar porque tendría muy poco efecto gravitacional en la estrella alrededor de la cual gira.

Los astrónomos están tratando de encontrar nuevas formas de usar los telescopios para ver directamente los planetas. Observar un planeta cercano a una estrella es como ver una luciérnaga cerca de una lámpara de alumbrado público. El destello hace difícil apreciar cualquier cosa cercana a la luz. Para ver de manera directa el planeta, los astrónomos tendrían que proteger su vista del destello de la estrella. Esto no ha sido posible en varias décadas.

 **INTEGRAR LAS CIENCIAS DE LA VIDA** Algunos científicos han planteado la hipótesis de que es posible que haya vida en planetas que giran alrededor de otras estrellas. Unos cuantos astrónomos están usando radiotelescopios para buscar señales que no provengan de fuentes naturales. Una señal de ese tipo sería evidencia de una civilización extraterrestre y se enviaría por ondas de radio.

☑ *Punto clave* ¿*Qué evidencia tienen los astrónomos para concluir que hay planetas alrededor de otras estrellas?*

Galaxias

Ahora ya estás listo para estudiar la Vía Láctea. La Vía Láctea es la galaxia donde se halla nuestro sistema solar. Como otras galaxias, contiene estrellas simples, estrellas dobles, sistemas de estrellas y una gran cantidad de polvo y gas. La Vía Láctea, conocida como "nuestra galaxia", se ve lechosa o nebulosa porque las estrellas están tan cercanas que nuestros ojos no las pueden ver de manera individual. Las manchas oscuras de la Vía Láctea son nubes que bloquean la luz proveniente de las estrellas que están detrás de ellas.

Hay miles de millones de galaxias en el universo. **Los astrónomos han clasificado la mayoría de las galaxias en tres categorías principales: galaxias espirales, galaxias elípticas y galaxias irregulares.**

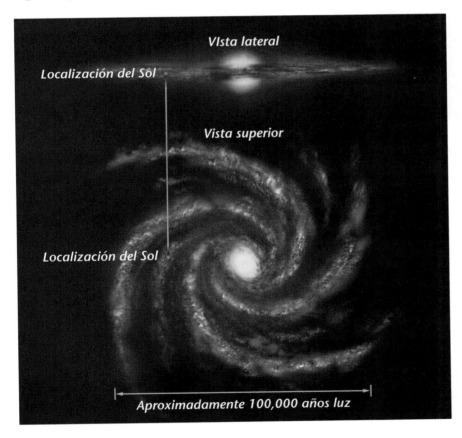

Aproximadamente 100,000 años luz

Vista lateral
Localización del Sol
Vista superior
Localización del Sol

Una galaxia espiral

Tú puedes hacer un modelo de nuestra galaxia.

1. Usa dos limpiapipas para hacer una rueda con dos espirales.

2. Observa las espirales a lo largo de la superficie de la mesa. Dibuja lo que ves. ¿Puedes reconocer su forma espiral?

3. Después observa las espirales desde arriba de la mesa y dibújalas.

Observar El Sol está dentro de una galaxia espiral aplanada. Desde la posición de la Tierra en una superficie plana, ¿es posible tener una buena perspectiva de las estrellas en los brazos de la espiral? ¿Por qué?

Figura 16 Desde un extremo, la Vía Láctea parece un disco estrecho. Su estructura espiral sólo sería visible desde arriba de la galaxia.

Figura 17 A. Esta galaxia espiral es semejante a nuestra galaxia. **B.** Una galaxia elíptica se ve como una pelota aplastada. **C.** La Gran Nube de Magallanes es una galaxia irregular.

Galaxias espirales La Figura 17A muestra una **galaxia espiral** que tiene la forma de espirales gemelas, llamada galaxia espiral. Los astrónomos pueden ver otras galaxias espirales desde diferentes ángulos. Estas vistas muestran que las galaxias espirales tienen brazos como espirales hacia el exterior, de manera semejante a una rueda de fuegos artificiales.

Nuestra galaxia tiene la misma espiral, con la forma de una rueda de fuegos artificiales. Para nosotros es difícil apreciar la forma espiral de nuestra galaxia porque nuestro sistema solar está dentro de la galaxia, aproximadamente a dos terceras partes de uno de los brazos espirales. La Vía Láctea que ves en el cielo es la vista que se tiene desde la Tierra cuando se observa la parte principal de nuestra galaxia. El centro de nuestra galaxia está a 25,000 años luz del sol. Sin embargo, no podemos ver el centro de nuestra galaxia. Nubes masivas de estrellas, gas y polvo ocultan el centro.

Galaxias elípticas No todas las galaxias tienen brazos espirales. Las **galaxias elípticas** parecen pelotas aplastadas. Estas galaxias contiene miles de millones de estrellas pero muy poco gas y polvo entre ellas. Debido a esta falta de gas y polvo, no pueden formarse nuevas estrellas en las galaxias elípticas, por lo que sólo contienen estrellas viejas.

Galaxias irregulares Algunas galaxias no tienen formas regulares. Por esto, se conocen como **galaxias irregulares.** La Gran Nube de Magallanes es una galaxia irregular a 160,000 años luz de nuestra galaxia. A esta distancia, es una de las galaxias más cercanas del universo.

Repaso de la sección 4

1. ¿Qué es un sistema de estrellas?
2. Describe los tres principales tipos de galaxias.
3. ¿En qué parte de nuestra galaxia está el sol?
4. **Razonamiento crítico Aplicar los conceptos** Algunas estrellas binarias se llaman binarias eclipsadas. Explica por qué este término es apropiado. (*Sugerencia:* Piensa en Algol conforme te acerques a la respuesta.)

Las ciencias en casa

Planea una noche para mirar las estrellas con algunos adultos de tu familia. Escoge una noche despejada y oscura. Usa los binoculares si los tienes y las tablas de estrellas del Apéndice B para localizar la Vía Láctea y otras estrellas interesantes sobre las que hayas aprendido. Explica a tus familiares lo que sabes sobre la Vía Láctea y las estrellas que observes.

¿Cómo se expande el universo?

1. Usa un marcador para poner 10 puntos en un globo desinflado. Los puntos

2. Infla el globo. ¿Qué pasa con las distancias entre las galaxias que están juntas? ¿Qué pasa con las distancias entre las galaxias que están apartadas?

Reflexiona sobre

Inferir Si el universo está en expandiéndose, ¿las galaxias que están muy juntas se separan más rápido o más lento que las galaxias que están apartadas?

L a galaxia de Andrómeda es el objeto más distante que puedes observar a simple vista. La luz de esta galaxia ha viajado 2 millones de años antes de llegar a tus ojos. Cuando esa luz llega a tus ojos, lo que estás viendo es cómo se veía la galaxia hace 2 millones de años. Esto es como si estuvieras viendo hacia el pasado.

Los astrónomos han fotografiado galaxias que están a miles de millones de años luz. La luz de esas galaxias viajó miles de millones de años antes de llegar a los telescopios de la Tierra. A partir de estas observaciones, los astrónomos han inferido que el universo es increíblemente viejo, pues su edad se remonta a miles de millones de años.

GUÍA DE LECTURA

◆ ¿Cómo se formó el universo?

◆ ¿Cómo se formó el sistema solar?

Sugerencia de lectura Antes de leer, escribe lo que hayas oído acerca de la teoría del big bang. Después lee de qué manera esta teoría explica la historia del universo.

Movimiento de las galaxias

Para estudiar cómo y cuándo se formó el universo, los astrónomos usan la información acerca de cómo se mueven las galaxias. Los astrónomos pueden medir qué tan alejadas están distintas galaxias. Examinando el espectro de una galaxia, los astrónomos pueden decir qué tan rápido se está moviendo una galaxia y si se está moviendo hacia la nuestra o si se está alejando. Sólo unas cuantas galaxias cercanas se están moviendo hacia nuestra galaxia. Todas las demás galaxias se están alejando de la nuestra.

En los años veinte, Edwin Hubble, un astrónomo estadounidense, descubrió que mientras más apartada se encuentra una galaxia de nosotros, más rápido se está alejando. El telescopio espacial Hubble se nombró así en honor de él y de sus importantes descubrimientos.

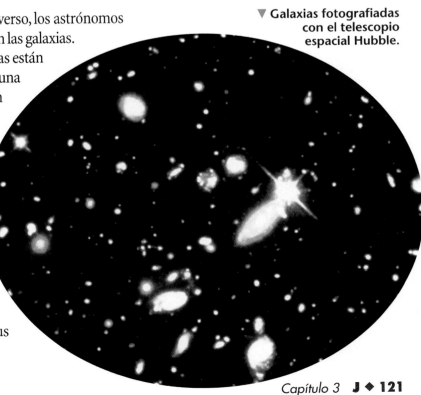

▼ Galaxias fotografiadas con el telescopio espacial Hubble.

Figura 18 Las galaxias en un universo que se está expandiendo son como las pasas de una masa de pan en fermentación. *Hacer modelos ¿De qué forma una masa de pan con pasas sirve de modelo para el universo en expansión?*

Figura 19 Todas las galaxias distantes que los astrónomos han observado se están alejando de nuestra galaxia.

Para entender cómo se mueven las galaxias, piensa en una masa de pan con pasas que esté fermentándose. Si pudieras encogerte para sentarte en una pasita, verías a todas las otras pasas alejándose de ti conforme sube la masa del pan. Mientras más alejada esté una pasa de ti, más rápido se mueve, porque habría más masa para expandirse entre ti y la pasa. No importa en qué pasita estés sentado, parecerá que todas las otras pasas se alejan de ti. Al observar las otras pasas, podrías decir que la masa de pan estuvo expandiéndose.

El universo es como una masa de pan de pasas. Las galaxias en el universo, como las pasas en la masa, se están alejando unas de otras. En el universo, el espacio es el que se expande, como la masa entre las pasas.

La teoría del big bang

Para comprender cómo se movieron las galaxias en el pasado, imagina que puedes retroceder el tiempo. Todas las galaxias se estarían moviendo juntas en lugar de separadas. Toda la materia del universo se juntaría en un solo punto. En ese momento, hace miles de millones de años, el universo era pequeño, caliente y denso. El universo, entonces, explotó en lo que los astrónomos llaman el **big bang.**

De acuerdo con la teoría del big bang, el universo se formó de una enorme explosión hace 10 o 15 mil millones de años. A partir del big bang, el universo se ha estado expandiendo rápidamente. Debido al big bang, el universo es miles de millones de veces más grande de lo que era hace millones de años. Para entender este cambio de su tamaño, imagina un diminuto chícharo. Haz de cuenta que puedes inflarlo tan grande como la Tierra. Inflarías el chícharo miles de millones de veces. Como el chícharo, el universo en el que vives fue una vez muy

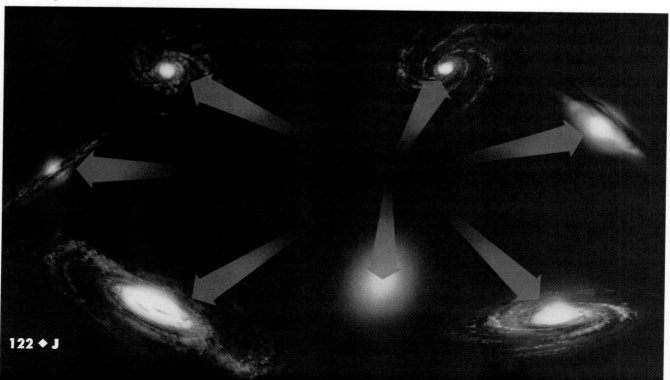

Una nube de gas y polvo formó un disco

El gas en el centro del disco se colapsó para formar el

El remanente de gas y polvo formó los planetas.

El sistema solar incluye el Sol, los planetas y cinturones de roca, hielo y polvo.

Figura 20 El sistema solar se formó al colapsarse una nube de gas y polvo.

pequeño. El universo ha estado creciendo rápidamente desde el big bang. Los astrónomos han llegada a la conclusión de que las galaxias se están separando unas de otras como resultado del big bang.

Desde que los astrónomos saben aproximadamente qué tan rápido se está expandiendo el universo, pueden inferir qué tanto tiempo lleva expandiéndose. Estiman que el universo se ha estado expandiendo por un periodo de 10 a 15 mil millones de años.

☑ *Punto clave Respecto de las otras galaxias, ¿en qué dirección están moviéndose la mayoría de las galaxias?*

Formación del sistema solar

Después del big bang, la materia en el universo se separó en galaxias. El gas y el polvo se dispersaron en el espacio de nuestra galaxia. Donde ahora está el sistema solar, había únicamente gas y polvo, fríos y oscuros.

Hace aproximadamente cinco mil millones de años, una nube gigante de gas y polvo, o nebulosa, se colapsó para formar el sistema solar. Lentamente la nebulosa se contrajo para formar un disco giratorio. Conforme la gravedad atrajo algo de gas hacia el centro del disco, el gas se calentó y se volvió lo suficientemente denso para iniciar la fusión nuclear. En ese momento nació el sol.

En algún lugar del disco, el gas y el polvo formaron esferas sólidas más pequeñas que el sol. Las esferas más cercanas al sol perdieron la mayor parte de sus gases y se convirtieron en los planetas internos: Mercurio, Venus, la Tierra y Marte. Las esferas más alejadas del sol se convirtieron en gigantes gaseosos: Júpiter, Saturno, Urano y Neptuno. Entre los planetas internos y los gigantes gaseosos se formaron los asteroides. Más allá de los gigantes gaseosos, se formó una enorme nube de hielo y otras sustancias. Esta nube es quizá la principal fuente de formación de los cometas. Plutón también se formó en esta región.

Figura 21 Esta ingeniera verifica la información del Telescopio espacial Hubble. El telescopio puede controlarse desde este cuarto.

El futuro del universo

¿Qué pasará en el futuro con el universo? Una posibilidad es que continúe expandiéndose, como lo ha hecho hasta ahora. Finalmente todas las estrellas agotarían su combustible y se extinguirían, y el universo se enfriaría y se oscurecería. Otra posibilidad es que la fuerza de gravedad empezará a atraer a las galaxias y que se juntarán. El resultado sería un big bang a la inversa o "gran implosión". Toda la materia del universo sería molida en un enorme agujero negro.

¿Cuál de estas posibilidades ocurrirá? La respuesta depende de qué tan fuerte sea la fuerza de gravedad para jalar y juntar a las galaxias. Esta fuerza depende de la masa total del universo. Para los astrónomos es muy difícil estimar esta masa porque mucha de ella está en la forma de partículas que no emiten radiación electromagnética. La evidencia hasta este momento sugiere que la masa total del universo no es lo suficientemente grande para atraer a las galaxias y juntarlas otra vez. Sin embargo, se necesitan más investigaciones para resolver este problema.

¡La astronomía es una de las ciencias más antiguas, pero hay todavía muchos descubrimientos por realizar y muchos enigmas qué resolver acerca de nuestro universo!

Repaso de la sección 5

1. ¿Qué es el big bang?
2. Describe cómo se formó el sistema solar.
3. ¿Qué observaciones muestran que el universo está expandiéndose?
4. **Razonamiento crítico** Inferir ¿Qué pueden inferir los astrónomos del hecho de que otras galaxias estén alejándose de la nuestra?

Comprueba tu aprendizaje

PROYECTO DEL CAPÍTULO 3

Ahora estás listo para escribir un primer borrador de una historia que explique el nombre de tu constelación. Después de que lo hayas escrito, léelo con cuidado y ve cómo puedes mejorarlo. Éstos son los elementos que debes buscar conforme editas tu primer borrador. ¿El principio capturó el interés del lector? ¿Es congruente tu historia? ¿Podrías añadirle más detalles? ¿Podrías volver a pensar tu selección de algunas palabras? Vuelve a escribirlo y revísalo tantas veces como sea necesario.

SECCIÓN 1 — Herramientas de la astronomía moderna

INTEGRAR LA FÍSICA

Ideas clave

◆ El espectro electromagnético incluye las ondas de radio, la radiación infrarroja, la luz visible, la radiación ultravioleta, los rayos X y los rayos gamma.

◆ Los telescopios recogen y concentran distintos tipos de radiación electromagnética.

◆ Los astrónomos usan espectrógrafos para obtener información de las estrellas, incluidas su composición química y su temperatura.

Términos clave

constelación
luz visible
radiación electromagnética
longitud de onda
espectro

telescopio de reflexión
lente convexa
telescopio de refracción
radiotelescopio
observatorio
espectrógrafo

SECCIÓN 2 — Características de las estrellas

Ideas clave

◆ Los astrónomos usan el paralaje para medir las distancias a las estrellas cercanas.

◆ Las características principales para clasificar las estrellas son el tamaño, la temperatura y la brillantez.

Términos clave

galaxia
universo
año luz
paralaje
estrella gigante

magnitud aparente
magnitud absoluta
diagrama de Hertzsprung-Russell
secuencia principal

SECCIÓN 3 — La vida de las estrellas

Ideas clave

◆ Una estrella nace cuando se inicia la fusión nuclear.

◆ El tiempo de vida de una estrella depende de su masa.

◆ Cuando una estrella agota su combustible, se convierte en una enana blanca, en una estrella de neutrones o en un agujero negro.

Términos clave

pulsar
nebulosa
protoestrella
enana blanca

supernova
estrella de neutrones
agujero negro
quasar

SECCIÓN 4 — Sistemas estelares y galaxias

Ideas clave

◆ Más de la mitad de todas las estrellas pertenecen a grupos de dos o más estrellas, denominados sistemas de estrellas.

◆ Hay tres tipos de galaxias: galaxias espirales, galaxias elípticas y galaxias irregulares.

Términos clave

estrellas binarias
eclipse binario
galaxia espiral

galaxia elíptica
galaxia irregular

SECCIÓN 5 — Historia del universo

Ideas clave

◆ De acuerdo con la teoría del big bang, el universo se formó de una enorme explosión hace aproximadamente 10 o 15 mil millones de años.

◆ Hace casi cinco mil millones de años, una nube de gas y polvo se colapsó para formar el sistema solar.

Término clave

big bang

USAR LA INTERNET

ACTIVIDAD

www.science-explorer.phschool.com

CAPÍTULO 3 REPASO

Repaso del contenido

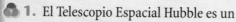 Para repasar los conceptos clave, consulta el CD-ROM Tutorial interactivo del estudiante.

Opción múltiplee

Elige la letra de la respuesta que complete mejor cada enunciado.

1. El Telescopio Espacial Hubble es un
  a. telescopio de rayos gamma.
  b. telescopio de reflexión.
  c. telescopio de refracción.
  d. radiotelescopio.

2. El elemento químico más común en una estrella es el
  a. hidrógeno.
  b. helio.
  c. carbón.
  d. sodio.

3. Para medir la distancia a estrellas cercanas, un astrónomo usaría
  a. luz visible.
  b. quasares.
  c. paralaje.
  d. un espectrógrafo.

4. Las estrellas más masivas que el Sol
  a. viven más que el Sol.
  b. son más rojas que el Sol.
  c. tienen vidas más cortas que la del Sol.
  d. viven tanto como el Sol.

5. El Sol se formó de
  a. un pulsar.
  b. una estrella supergigante.
  c. un agujero negro.
  d. una nebulosa.

Falso o verdadero

Si el enunciado es verdadero, escribe verdadero. Si es falso, cambia la palabra o palabras subrayadas para hacer verdadero el enunciado.

6. Los rayos gamma, los rayos X, la radiación ultravioleta, la luz visible, la radiación infrarroja y las ondas de radio constituyen el <u>diagrama Hertzsrpung-Russell</u>.

7. El Sol es una estrella de <u>secuencia principal</u>.

8. Los pulsares son un tipo de <u>estrellas de neutrones</u>.

9. Más de la mitad de todas las estrellas son estrellas <u>simples</u>.

10. De acuerdo con la teoría del <u>big bang</u> el universo se ha estado expandiendo por un periodo de 10 a 15 mil millones de años.

Revisar los conceptos

11. ¿Qué tipos de radiación están incluidos en el espectro electromagnético?

12. ¿Qué clase de información pueden obtener los astrónomos estudiando el espectro de una estrella?

13. Describe qué pasará con el Sol cuando agote su combustible.

14. ¿Por qué los astrónomos pueden ver los brazos espirales de la galaxia de Andrómeda más claramente que los brazos espirales de la galaxia de la Vía Láctea?

15. Describe el proceso de formación del Sol.

16. Escribir para aprender Imagina que tienes una nave espacial que puede viajar más rápido que la luz. Escribe una carta en la que describas un viaje en tres partes desde la Tierra: a la estrella más cercana al Sol, al centro de nuestra galaxia y a la galaxia espiral más próxima.

Razonamiento gráfico

17. Red de conceptos En una hoja aparte, copia la red de conceptos acerca de los telescopios. Después complétala y ponle un título. (Para más información acerca de las redes de conceptos, consulta el Manual de destrezas.)

Aplicar las destrezas

Usa los datos sobre el movimiento de las galaxias, de esta tabla, para contestar las preguntas 18–20.

Cúmulo de galaxias	Distancia (en millones de años luz)	Velocidad (en kilómetros por segundo)
Virgo	80	1,200
Osa Mayor	980	15,000
Botas	2,540	39,000

18. Graficar Haz una gráfica de líneas que muestre cómo las distancias de los cúmulos a nuestra galaxia se relacionan con su velocidad. Pon la distancia en el eje de las *X*, y la velocidad en el eje de las *Y*.

19. Interpretar datos ¿Cómo se relacionan la distancia y la velocidad de una galaxia?

20. Sacar conclusiones ¿Qué indica tu gráfica: que el universo está expandiéndose, se está contrayendo o que permanece del mismo tamaño? Explica tu respuesta.

Razonamiento crítico

21. Relacionar causa y efecto Cada tercer día una pequeña y brillante estrella da la impresión de que desaparece, y sólo reaparece dentro de seis horas. Con base en esta información, ¿cuál es la causa de que la pequeña estrella desaparezca?

22. Aplicar los conceptos Describe una situación de la vida diaria que involucre las magnitudes absoluta y aparente. (*Pista*: Piensa en conducir un carro en la noche.)

23. Comparar y contrastar Compara la historia de las vidas de una estrella mediana y de una estrella gigante. ¿En qué se parecen? ¿En qué se diferencian?

24. Hacer generalizaciones Si los astrónomos conocen la velocidad con que se expande el universo, ¿qué les dice esto acerca del big bang?

25. Aplicar los conceptos ¿Un año luz es una unidad de distancia o de tiempo? Explica tu respuesta.

Evaluación del rendimiento

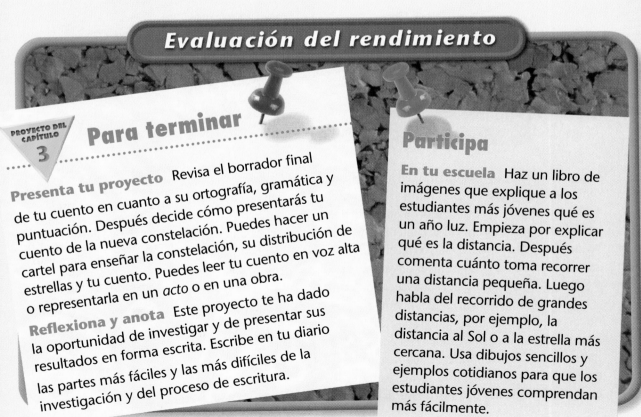

PROYECTO DEL CAPÍTULO 3

Para terminar

Presenta tu proyecto Revisa el borrador final de tu cuento en cuanto a su ortografía, gramática y puntuación. Después decide cómo presentarás tu cuento de la nueva constelación. Puedes hacer un cartel para enseñar la constelación, su distribución de estrellas y tu cuento. Puedes leer tu cuento en voz alta o representarla en un *acto* o en una obra.

Reflexiona y anota Este proyecto te ha dado la oportunidad de investigar y de presentar sus resultados en forma escrita. Escribe en tu diario las partes más fáciles y las más difíciles de la investigación y del proceso de escritura.

Participa

En tu escuela Haz un libro de imágenes que explique a los estudiantes más jóvenes qué es un año luz. Empieza por explicar qué es la distancia. Después comenta cuánto toma recorrer una distancia pequeña. Luego habla del recorrido de grandes distancias, por ejemplo, la distancia al Sol o a la estrella más cercana. Usa dibujos sencillos y ejemplos cotidianos para que los estudiantes jóvenes comprendan más fácilmente.

VIAJE A
MARTE

El pequeño explorador de seis ruedas bajó lentamente a la superficie marciana por la rampa empinada de la cápsula de aterrizaje. En la Tierra, los científicos contuvieron el aliento. Entonces, el *Sojourner* se puso en acción.

El *Sojourner* se convirtió en la estrella de la misión *Pathfinder* de 1997. Los ingenieros del Laboratorio de Propulsión a Chorro de Pasadena, California, guiaron el explorador a control remoto desde la Tierra. Circuló entre las rocas para verificar el contenido de minerales de cada una y reunir datos científicos. En la Tierra, el equipo del *Pathfinder* bautizó las rocas con nombres de personajes de caricaturas: Barnacle Bill, Scooby Doo y Gasparín. Le pusieron Yogi a una roca con forma de oso.

El *Pathfinder* se posó en una región de Marte que nadie había visto de cerca. La cápsula tomó fotografías de los paisajes, los amaneceres y los ocasos marcianos. Alimentados con energía de los paneles solares, los instrumentos del *Pathfinder* enviaron a los científicos de la Tierra enormes cantidades de información para que la analizaran. Esta misión es una de las muchas que van a estudiar el paisaje de Marte.

El *Sojourner* —más o menos del tamaño de un horno de microondas— explora la superficie rocosa de Marte. Aquí brinca sobre una roca que los científicos llamaron Yogi. El *Pathfinder* transmitió la imagen electrónica de Marte a la Tierra.

Sojourner Truth (arriba), una oradora vigorosa en contra de la esclavitud, y Valerie Ambroise (derecha).

Honor en un nombre

¿Te gustaría bautizar una nave espacial? Una estudiante de 13 años de Connecticut tuvo esa oportunidad. Valerie Ambroise escogió el nombre *Sojourner* para el pequeño explorador que estudió la superficie de Marte de 1997. En un concurso patrocinado por la NASA, Valerie escribió el ensayo ganador del mejor nombre. Hubo 3,800 estudiantes participantes.

Valerie tomó el nombre *Sojourner* de Sojourner Truth, una reformadora afroestadounidense de las décadas de 1840 y 1850. He aquí el ensayo de Valerie.

El nombre del Pathfinder debe ser Sojourner Truth. Escogí Sojourner porque fue una heroína de los negros, los esclavos y las mujeres. Se comportaba de acuerdo con sus firmes ideas acerca de la vida, y así debe ser. Sus grandes compañeros fueron Dios y sus ideas. Sus mejores reconocimientos fueron el libro que un amigo escribió por ella, conocer al presidente Grant, sus discursos y jornadas, su trabajo en los hospitales militares durante la Guerra Civil y su inteligencia (considerando que era analfabeta). Emprendió muchas jornadas y dijo muchas verdades. Hablaba con tanta elocuencia que motivaba a la gente con simples palabras e ideas. Es lógico que el Pathfinder se llame Sojourner Truth, pues va en un viaje (journey) a encontrar las verdades (truths) de Marte. El Pathfinder debe tener una fuerte personalidad para resistir las duras condiciones de Marte. Cuando Truth salía de viaje, enfrentaba muchas situaciones difíciles. Antes, cuando era esclava, también pasó por condiciones arduas. Como Sojourner, el Pathfinder debe sobrevivir con lo que tiene. No debe requerir más equipo.

El Pathfinder se transportará en sus ruedas como si fueran pies. Sojourner viajaba mucho a pie.

Para investigar Marte, Sojourner hubiera averiguado todo acerca de él. Siempre trató de entender mejor las razones de aquello por lo que luchaba. Cuando consiguiera la información, estudiaría más de Marte y aumentaría sus conocimientos. Actuaría rápidamente para obtener lo que quisiera o lo que pensase que era necesario. El talento de su trabajo sería el mismo en Marte. Aprovecharía su elocuente voz y la fuerza de sus acciones.

Debemos admitir que Sojourner y el Pathfinder son importantes.

Actividad de las artes del lenguaje

Tienes la oportunidad de bautizar la primera estación de investigación en Marte con el nombre de una persona importante por sus descubrimientos o sus investigaciones científicas. Investiga sobre tu héroe o heroína y escribe un ensayo convincente en el que expliques por qué la estación debe llamarse así.

Un artista imagina una escena del futuro, cuando los seres humanos caminemos en las planicies rocosas de Marte.

Fundamentos de supervivencia

Sales de tu nave espacial en un paisaje rojo y polvoso bajo un cielo rosa rojizo. Ahora entiendes por qué Marte es llamado el "planeta rojo". El vapor de agua en el aire forma nubes delgadas, incluso niebla. Como el aire es tan tenue, el Sol resplandece. También sopla el viento. Gruesas nubes de polvo rojo, ricas en hierro, flotan a tu alrededor. Sin tu traje espacial presurizado, no sobrevivirías en el tenue aire marciano. A diferencia de las capas espesas que rodean la atmósfera de la Tierra, esta atmósfera protege poco contra la peligrosa radiación ultravioleta. También debes llevar oxígeno. El aire de Marte está compuesto alrededor del 95 por ciento de dióxido de carbono, que no podemos respirar.

Tu traje espacial debe ser caliente. Durante el día, incluso en el ecuador de Marte las temperaturas rara vez superan el punto de congelación. De noche caen a unos −100 °C. También debes caminar con cuidado, porque la gravedad de Marte es débil. Sólo sientes el 38 por ciento de tu peso en la Tierra.

Actividad de ciencias

Plantas cultivadas en agua — Plantas cultivadas en grava
- Plantas
- Malla de alambre
- Arena o grava
- Agua
- Macetas de plástico

Todos los asentamientos humanos en Marte deberán cultivar algo de su propia comida. Experimenta con un método llamado hidropónica: el cultivo de plantas en agua, sin suelo. Prepara dos macetas para sembrar tomates o pimenteros.

◆ Decide cuáles variables controlar.

◆ En una maceta vierte sólo agua y alimento para plantas, con una malla de alambre de sostén.

◆ En la otra, cubre las raíces con arena o grava. Vierte agua y alimento para plantas.

◆ Cada dos o tres semanas, anota el ritmo de crecimiento y la fuerza de las plantas.

¿Qué técnica funcionó mejor? ¿Cómo crees que funcionaría la hidropónica en Marte?

Imagen de 360 grados tomada desde el *Pathfinder*. En el rugoso paisaje marciano, las tormentas de arena y polvo han labrado figuras fantásticas en las rocas. Cortan la superficie cañones profundos y volcanes enormes.

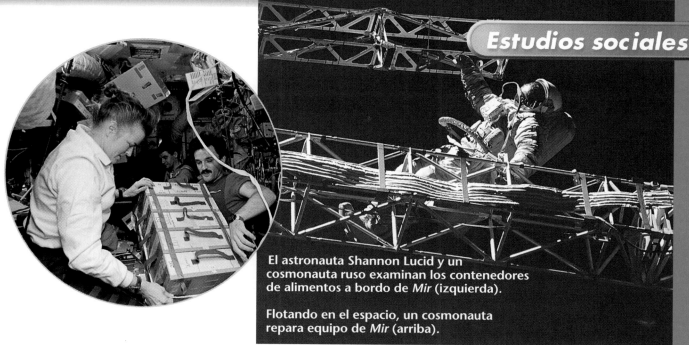

El astronauta Shannon Lucid y un cosmonauta ruso examinan los contenedores de alimentos a bordo de *Mir* (izquierda).

Flotando en el espacio, un cosmonauta repara equipo de *Mir* (arriba).

Compañeros en el espacio

Muchos ingenieros y científicos están seguros de que viajaremos a Marte en los próximos 25 años. Mientras tanto, tenemos un adelanto de los viajes espaciales gracias a los astronautas y cosmonautas que tripulan naves espaciales y en *Mir*, la estación espacial rusa. *Mir* fue puesta en órbita en 1986.

Durante años, Estados Unidos y la Unión Soviética compitieron en una carrera para enviar misiones al espacio. Recientemente, Rusia y Estados Unidos cooperaron en *Mir*. En 1997, los estadounidenses se convirtieron en miembros plenos de la tripulación *Mir* con deberes específicos. Con los cosmonautas, resolvieron problemas, hicieron reparaciones y dieron caminatas espaciales.

¿Cómo viven y trabajan en una nave espacial atestada de tripulantes con antecedentes tan distintos? Además de sus diferencias culturales y de idioma, las tripulaciones tienen capacitación y equipo distinto.

Como *Mir* es una estación vieja, la tripulación se ha acostumbrado a enfrentar emergencias. En los vuelos largos, como serían los viajes a Marte, estas destrezas van a ser esenciales.

Toda esta experiencia a bordo de *Mir* es el primer paso de la estación espacial internacional que ha empezado a construirse y, posiblemente, de una expedición a Marte.

Actividad de estudios sociales

Es probable que los primeros viajes a Marte tarden por lo menos de 6 a 8 meses. Piensa en las dificultades que tendrías al pasar 7 meses en una nave espacial del tamaño de un autobús escolar. Establece las reglas y los lineamientos para tu viaje. Contempla en tu plan a 5 astronautas de 2 países. Considera estos puntos:

◆ quién tomará las decisiones y dará las órdenes

◆ cómo se comunicarán

◆ cómo se adaptarán a las diferencias de hábitos y antecedentes

◆ cómo harán para no aburrirse

◆ cómo resolverán los conflictos entre los miembros de la tripulación con los científicos de control de la misión en la Tierra.

Soles de Marte

Marte es el planeta que más se parece a la Tierra. Pero como es más pequeño, está más lejos del Sol y su órbita es distinta, tiene algunas diferencias enormes. Un día de Marte, llamado sol, es apenas unos 40 minutos más largo que un día terrestre; sin embargo, el año marciano dura más: 669 soles.

Al igual que la Tierra, el eje de Marte está inclinado, así que tiene estaciones. Las estaciones marcianas duran más que las terrestres porque el año es más largo. Además, su duración es desigual a causa de la forma de la órbita de Marte (consulta la tabla de abajo).

El clima en el hemisferio sur es más extremoso que en el norte. En el sur, los inviernos son prolongados y fríos, mientras que los veranos son cortos y cálidos. Por ejemplo, los inviernos del sur duran 177 soles. En el hemisferio norte, los inviernos duran sólo 156 soles.

Los cambios de estación influyen en los polos norte y sur de Marte, que están cubiertos con casquetes polares de hielo formadas por agua y dióxido de carbono. Durante el invierno en el sur, el casquete polar se extiende a casi la mitad del hemisferio. Aquí, la capa está formada principalmente por dióxido de carbono congelado, como el hielo seco. En verano se derrite parte del casquete y el dióxido de carbono escapa al aire. Del mismo modo, cuando llega la primavera en el hemisferio norte, el casquete polar del norte se derrite. Pero en el norte, el casquete está compuesto sobre todo de agua congelada.

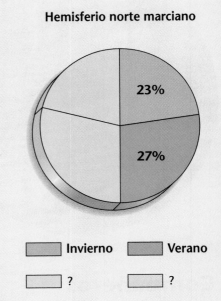

Hemisferio norte marciano

23%

27%

☐ Invierno   ☐ Verano

☐ ?   ☐ ?

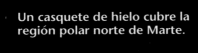

Un casquete de hielo cubre la región polar norte de Marte.

Estaciones de Marte, en soles (días marcianos)

	Hemisferio norte	Hemisferio sur
Invierno	156	177
Primavera	194	142
Verano	177	156
Otoño	142	194

El Sol sale en Marte.

Hemisferio sur marciano

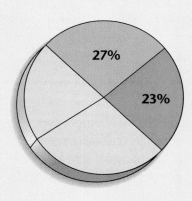

27%

23%

■ Invierno ■ Verano

□ ? □ ?

Actividad de matemáticas

Quienes trabajen en Marte tendrán que hacerlo con el tiempo marciano. Ya sabes que hay 669 soles en un año. Con el número de soles de cada estación, puedes calcular qué porcentaje del año es invierno; por ejemplo, el invierno en el hemisferio norte es de: 156 soles ÷ 669 soles ≈ 0.233 ≈ 23%.

◆ Con la tabla de la página 132, calcula qué porcentaje del año marciano es invierno, primavera, verano y otoño en cada hemisferio. Redondea a la centésima más próxima.

◆ Traza dos gráficas circulares como las de las páginas 132 y 133. Apunta los nombres, colorea y escribe los porcentajes de cada estación en los hemisferios norte y sur.

◆ Elige un color para cada estación.

Si tuvieras que elegir, ¿en qué hemisferio te gustaría vivir?

Relaciónalo

Planea una estación marciana

Por fin, sales rumbo a Marte a fundar la primera estación humana de investigación. La planificación es esencial para una expedición tan larga. Repasa los problemas principales que Marte nos plantea, como la atmósfera tenue, la falta de oxígeno, las temperaturas extremosas, etc. También recuerda que es muy caro enviar a Marte suministros. Trabaja en grupo para realizar un plan para establecer la estación de investigación terrícola. Incluyan mapas y dibujos. A medida que hagan el plan, piensen en estas preguntas:

◆ ¿Cómo suministrarán el oxígeno? ¿El agua? ¿El combustible?

◆ ¿Qué sitio escogerán para las instalaciones? Tomen en cuenta el terreno y el clima de Marte.

◆ ¿Qué suministros llevarán con ustedes?

◆ ¿Qué materiales de construcción usarán?

◆ ¿Qué alimentos tendrán? ¿Cómo van a conseguirlos?

Esta ilustración es lo que un artista imaginó que serían los hogares humanos en otro planeta.

Piensa como científico

*T*al vez no lo sepas, pero todos los días piensas como científico. Cada vez que te haces una pregunta y examinas las respuestas posibles aplicas muchas de las mismas destrezas que los científicos. Algunas de esas destrezas se describen en esta página.

Observar

Observas cada vez que reúnes información sobre el mundo con uno o más de tus cinco sentidos. Oír que ladra un perro, contar doce semillas verdes y oler el humo son observaciones. Para aumentar el alcance de los sentidos, los científicos tienen microscopios, telescopios y otros instrumentos con los que hacen observaciones más detalladas.

Las observaciones deben referirse a los hechos y ser precisas, un informe exacto de lo que tus sentidos detectan. Es importante escribir o dibujar cuidadosamente en un cuaderno las observaciones en la clase de ciencias. La información reunida en las observaciones se llama evidencia o dato.

Inferir

Cuando explicas o interpretas una observación, **infieres**, o haces una inferencia. Por ejemplo, si oyes que tu perro ladra, infieres que hay alguien en la puerta. Para hacer esta inferencia, combinas las evidencias (tu perro ladra) con tu experiencia o conocimientos (sabes que el perro ladra cuando se acerca un desconocido) para llegar a una conclusión lógica.

Advierte que las inferencias no son hechos, sino solamente una de tantas explicaciones de tu observación. Por ejemplo, quizá tu perro ladra porque quiere ir de paseo. A veces resulta que las inferencias son incorrectas aun si se basan en observaciones precisas y razonamientos lógicos. La única manera de averiguar si una inferencia es correcta, es investigar más a fondo.

Predecir

Cuando escuchas el pronóstico del tiempo, oyes muchas predicciones sobre las condiciones meteorológicas del día siguiente: cuál será la temperatura, si lloverá o no y si habrá mucho viento. Los meteorólogos pronostican el tiempo basados en sus observaciones y conocimientos de los sistemas climáticos. La destreza de **predecir** consiste en hacer una inferencia sobre un acontecimiento futuro basada en pruebas actuales o en la experiencia.

Como las predicciones son inferencias, a veces resultan falsas. En la clase de ciencias, puedes hacer experimentos para probar tus predicciones. Por ejemplo, digamos que predices que los aviones de papel más grandes vuelan más lejos que los pequeños. ¿Cómo pondrías a prueba tu predicción?

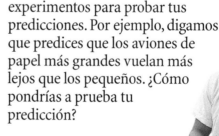

 Estudia la fotografía para responder las preguntas siguientes.

Observar Mira con atención la fotografía. Anota por lo menos tres observaciones.

Inferir Con tus observaciones, haz una inferencia de lo que sucedió. ¿Qué experiencias o conocimientos aprovechaste para formular tu inferencia?

Predecir Predice lo que ocurrirá a continuación. ¿En qué evidencias o experiencias basas tu predicción?

Clasificar

¿Te imaginas cómo sería buscar un libro en la biblioteca si todos los tomos estuvieran puestos en los estantes sin ningún orden? Tu visita a la biblioteca sería cosa de todo un día. Por fortuna, los bibliotecarios agrupan los libros por tema o por autor. Agrupar los elementos que comparten algún parecido se llama **clasificar**. Puedes clasificar las cosas de muchas maneras: por tamaño, por forma, por uso y por otras características importantes.

Como los bibliotecarios, los científicos aplican la destreza de clasificar para organizar información y objetos. Cuando las cosas están distribuidas en grupos, es más fácil entender sus relaciones.

ACTIVIDAD

Clasifica los objetos de la fotografía en dos grupos, de acuerdo con la característica que tú escojas. Luego, elige otra característica y clasifícalos en tres grupos.

Hacer modelos

¿Alguna vez has hecho un dibujo para que alguien entienda mejor lo que le dices? Ese dibujo es una especie de modelo. Los modelos son dibujos, diagramas, imágenes de computadora o cualquier otra representación de objetos o procesos complicados. **Hacer modelos** nos ayuda a entender las cosas que no vemos directamente.

Los científicos representan con modelos las cosas muy grandes o muy pequeñas, como los planetas del sistema solar o las partes de las células. En estos casos se trata de modelos físicos, dibujos o cuerpos sólidos que se parecen a los objetos reales. En otros casos son modelos mentales: ecuaciones matemáticas o palabras que describen el funcionamiento de algo.

ACTIVIDAD

Esta estudiante demuestra con un modelo las causas del día y la noche en la Tierra. ¿Qué representan la lámpara y la pelota de tenis?

Comunicar

Te comunicas cuando hablas por teléfono, escribes una carta o escuchas al maestro en la escuela. **Comunicar** es el acto de compartir ideas e información con los demás. La comunicación eficaz requiere de muchas destrezas: escribir, leer, hablar, escuchar y hacer modelos.

Los científicos se comunican para compartir resultados, información y opiniones. Acostumbran comunicar su trabajo en publicaciones, por teléfono, en cartas y en la Internet. También asisten a reuniones científicas donde comparten sus ideas en persona.

ACTIVIDAD

En un papel, escribe con claridad las instrucciones detalladas para amarrarse las agujetas. Luego, intercámbialas con un compañero o compañera. Sigue exactamente sus instrucciones. ¿Qué tan bien pudiste amarrarte el zapato? ¿Cómo se hubiera comunicado con más claridad tu compañero o compañera?

Hacer mediciones

Cuando los científicos hacen observaciones, no basta decir que algo es "grande" o "pesado". Por eso, miden con sus instrumentos qué tan grandes o pesados son los objetos. Con las mediciones, los científicos expresan con mayor exactitud sus observaciones y comunican más información sobre lo que observan.

Mediciones SI

La forma común de medir que utilizan los científicos de todo el mundo es el *Sistema Internacional de Unidades*, abreviado SI. Estas unidades son fáciles de usar porque se basan en múltiplos de 10. Cada unidad es 10 veces mayor que la inmediata anterior y un décimo del tamaño de la siguiente. En la tabla se anotan los prefijos de las unidades del SI más frecuentes.

Prefijos comunes SI		
Prefijo	**Símbolo**	**Significado**
kilo-	k	1,000
hecto-	h	100
deka-	da	10
deci-	d	0.1 (un décimo)
centi-	c	0.01 (un centésimo)
mili-	m	0.001 (un milésimo)

Longitud Para medir la longitud, o la distancia entre dos puntos, la unidad de medida es el **metro (m)**. Un metro es la distancia aproximada del suelo al pomo de la puerta. Las distancias mayores, como entre ciudades, se miden en kilómetros (km). Las longitudes más pequeñas se miden en centímetros (cm) o milímetros (mm). Para medir la longitud, los científicos usan reglas métricas.

Conversiones comunes
1 km = 1,000 m
1 m = 100 cm
1 m = 1,000 mm
1 cm = 10 mm

En la regla métrica de la ilustración, las líneas largas son divisiones en centímetros, mientras que las cortas que no están numeradas son divisiones en milímetros. ¿Cuántos centímetros de largo tiene esta concha? ¿A cuántos milímetros equivale? **ACTIVIDAD**

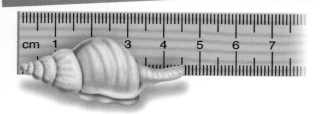

Volumen líquido Para medir el volumen de los líquidos, o la cantidad de espacio que ocupan, utilizamos una unidad de medida llamada **litro (L)**. Un litro es aproximadamente el volumen de un cartón de leche de tamaño mediano. Los volúmenes menores se miden en mililitros (mL). Los científicos tienen cilindros graduados para medir el volumen líquido.

Conversión común
1 L = 1,000 mL

El cilindro graduado de la ilustración está marcado con divisiones en milímetros. Observa que la superficie del agua del cilindro es curva. Esta curvatura se llama *menisco*. Para medir el volumen, tienes que leer el nivel en el punto más bajo del menisco. ¿Cuál es el volumen del agua en este cilindro graduado? **ACTIVIDAD**

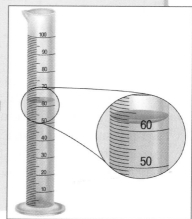

Masa Para medir la masa, o la cantidad de materia de los objetos, tomamos una unidad de medida conocida como **gramo (g)**. Un gramo es aproximadamente la masa de un sujetador de papeles. Las masas más grandes se miden en kilogramos (kg). Los científicos miden con básculas la masa de los objetos.

Conversión común
1 kg = 1,000 g

La báscula electrónica muestra la masa de una manzana en kilogramos. ¿Cuál es la masa de la manzana? Supón que una receta de puré requiere un kilogramo de manzanas. ¿Cuántas manzanas necesitarías?

ACTIVIDAD

Temperatura
Para medir la temperatura de las sustancias, usamos la **escala Celsius**. La temperatura se mide con un termómetro en grados Celsius (°C). El agua se congela a 0°C y hierve a 100°C.

ACTIVIDAD

¿Cuál es la temperatura del líquido en grados Celsius?

Conversión de unidades SI

Para trabajar con el sistema SI, debes saber cómo convertir de unas unidades a otras. Esto requiere la destreza de **calcular**, o realizar operaciones matemáticas. Convertir unidades SI es igual que convertir dólares y monedas de 10 centavos, porque los dos sistemas se basan en múltiplos de diez.

Digamos que quieres convertir en metros una longitud de 80 centímetros. Sigue estos pasos para convertir las unidades.

1. Comienza por escribir la medida que quieres convertir; en este ejemplo, 80 centímetros.
2. Escribe el factor de conversión que represente la relación entre las dos unidades. En este ejemplo, la relación es *1 metro = 100 centímetros*. Escribe el factor como fracción. Asegúrate de poner en el denominador las unidades de las que conviertes (en este ejemplo, centímetros).

3. Multiplica la medición que quieres convertir por la fracción. Las unidades de esta primera medición se cancelarán con las unidades del denominador. Tu respuesta estará en las unidades a las que conviertes.

Ejemplo

80 centímetros = ?_____ metros

$$80 \text{ centímetros} \times \frac{1 \text{ metro}}{100 \text{ centímetros}} = \frac{80 \text{ metros}}{100}$$

$$= 0.8 \text{ metros}$$

Convierte las unidades siguientes.

ACTIVIDAD

1. 600 milímetros =?___ metros
2. 0.35 litros =?___ mililitros
3. 1,050 gramos =?___ kilogramos

Realizar una investigación científica

En cierta forma, los científicos son como detectives que unen claves para entender un proceso o acontecimiento. Una forma en que los científicos reúnen claves es realizar experimentos. Los experimentos prueban las ideas en forma cuidadosa y ordenada. Sin embargo, no todos los experimentos siguen los mismos pasos en el mismo orden, aunque muchos tienen un esquema parecido al que se describe aquí.

Plantear preguntas

Los experimentos comienzan planteando una pregunta científica. Las preguntas científicas son las que se pueden responder reuniendo pruebas. Por ejemplo, la pregunta "¿qué se congela más rápidamente, el agua dulce o el agua salada?" es científica, porque puedes realizar una investigación y reunir información para contestarla.

Desarrollar una hipótesis

El siguiente paso es formular una hipótesis. Las **hipótesis** son predicciones acerca de los resultados de los experimentos. Como todas las predicciones, las hipótesis se basan en tus observaciones y en tus conocimientos o experiencia. Pero, a diferencia de muchas predicciones, las hipótesis deben ser algo que se pueda poner a prueba. Las hipótesis bien enunciadas adoptan la forma *Si... entonces...* y en seguida el planteaminto. Por ejemplo, una hipótesis sería "*si añado sal al agua dulce, entonces tardará más en congelarse*". Las hipótesis enunciadas de esta manera son un boceto aproximado del experimento que debes realizar.

Crear un experimento

Enseguida, tienes que planear una forma de poner a prueba tu hipótesis. Debes redactarla en forma de pasos y describir las observaciones o mediciones que harás.

Dos pasos importantes de la creación de experimentos son controlar las variables y formular definiciones operativas.

Controlar variables En los experimentos bien planeados, tienes que cuidar que todas las variables sean la misma excepto una. Una **variable** es cualquier factor que pueda cambiarse en un experimento. El factor que modificas se llama **variable manipulada**. En nuestro experimento, la variable manipulada es la cantidad de sal que se añade al agua. Los demás factores son constantes, como la cantidad de agua o la temperatura inicial.

El factor que cambia como resultado de la variable manipulada se llama **variable de respuesta** y es lo que mides u observas para obtener tus resultados. En este experimento, la variable de respuesta es cuánto tarda el agua en congelarse.

Un **experimento controlado** es el que mantiene constante todos los factores salvo uno. Estos experimentos incluyen una prueba llamada de **control**. En este experimento, el recipiente 3 es el de control. Como no se le añade sal, puedes comparar con él los resultados de los otros experimentos. Cualquier diferencia en los resultados debe obedecer en exclusiva a la adición de sal.

Formular definiciones operativas

Otro aspecto importante de los experimentos bien planeados es tener definiciones operativas claras. Las **definiciones operativas** son enunciados que describen cómo se va a medir cierta variable o cómo se va a definir. Por ejemplo, en este experimento, ¿cómo determinarás si el agua se congeló? Quizá decidas meter un palito en los recipientes al comienzo del experimento. Tu definición operativa de "congelada" sería el momento en que el palito dejara de moverse.

PROCEDIMIENTO EXPERIMENTAL

1. Llena 3 recipientes con agua fría de la llave.

2. Añade 10 gramos de sal al recipiente 1 y agita. Añade 20 gramos de sal al recipiente 2 y agita. No añadas sal al recipiente 3.

3. Coloca los tres recipientes en el congelador.

4. Revisa los recipientes cada 15 minutos. Anota tus observaciones.

Interpretar datos

Las observaciones y mediciones que haces en los experimentos se llaman datos. Debes analizarlos al final de los experimentos para buscar regularidades o tendencias. Muchas veces, las regularidades se hacen evidentes si organizas tus datos en una tabla o una gráfica. Luego, reflexiona en lo que revelan los datos. ¿Apoyan tu hipótesis? ¿Señalan una falla en el experimento? ¿Necesitas reunir más datos?

Sacar conclusiones

Las conclusiones son enunciados que resumen lo que aprendiste del experimento. Cuando sacas una conclusión, necesitas decidir si los datos que reuniste apoyan tu hipótesis o no. Tal vez debas repetir el experimento varias veces para poder sacar alguna conclusión. A menudo, las conclusiones te llevan a plantear preguntas nuevas y a planear experimentos nuevos para responderlas.

Al rebotar una pelota, ¿influye la altura de la cual la arrojas? De acuerdo con los pasos que acabamos de describir, planea un experimento controlado para investigar este problema.

ACTIVIDAD

Razonamiento crítico

¿Alguien te ha pedido consejo acerca de un problema? En tal caso, es probable que hayas ayudado a esa persona a pensar en el problema a fondo y de manera lógica. Sin saberlo, aplicaste las destrezas del razonamiento crítico, que consiste en reflexionar y emplear la lógica para resolver problemas o tomar decisiones. A continuación se describen algunas destrezas de razonamiento crítico.

Comparar y contrastar

Cuando buscas las semejanzas y las diferencias de dos objetos, aplicas la destreza de **comparar y contrastar**. Comparar es identificar las semejanzas, o características comunes. Contrastar significa encontrar las diferencias. Analizar los objetos de este modo te servirá para descubrir detalles que en otro caso quizá omitirías.

ACTIVIDAD

Compara y contrasta los dos animales de la foto. Anota primero todas las semejanzas que veas y luego todas las diferencias.

Aplicar los conceptos

Cuando recurres a tus conocimientos de una situación para entender otra parecida, empleas la destreza de **aplicar conceptos**. Ser capaz de transferir tus conocimientos de una situación a otra demuestra que realmente entiendes el concepto. Con esta destreza respondes en los exámenes las preguntas que tienen problemas distintos de los que estudiaste en clase.

ACTIVIDAD

Acabas de aprender que el agua tarda más en congelarse si se le mezclan otras sustancias. Con este conocimiento, explica por qué en invierno necesitamos poner en el radiador de los autos una sustancia llamada anticongelante.

Interpretar ilustraciones

En los libros hay diagramas, fotografías y mapas para aclarar lo que lees. Estas ilustraciones muestran procesos, lugares e ideas de forma visual. La destreza llamada **interpretar ilustraciones** te sirve para aprender de estos elementos visuales. Para entender una ilustración, date tiempo para estudiarla junto con la información escrita que la acompañe. Las leyendas indican los conceptos fundamentales de la ilustración. Los nombres señalan las partes importantes de diagramas y mapas, en tanto que las claves explican los símbolos de los mapas.

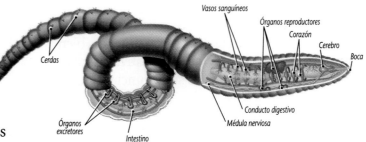

Vasos sanguíneos
Órganos reproductores
Corazón
Cerebro
Boca
Cerdas
Conducto digestivo
Médula nerviosa
Órganos excretores
Intestino

▲ Anatomía interna de la lombriz de tierra

ACTIVIDAD

Estudia el diagrama de arriba. Luego, escribe un párrafo breve donde expliques lo que aprendiste.

Relacionar causa y efecto

Si un suceso es la causa de que otro ocurra, se dice que ambos tienen una relación de causa y efecto. Cuando determinas que hay tal relación entre dos sucesos, muestras una destreza llamada **relacionar causa y efecto**. Por ejemplo, si observas en tu piel una hinchazón roja y que te causa irritación, infieres que te picó un mosquito. La picadura es la causa y la hinchazón el efecto.

> **ACTIVIDAD**
> Estás en un campamento y tu linterna dejó de funcionar. Haz una lista de las causas posibles del desperfecto. ¿Cómo determinarías la relación de causa y efecto que te ha dejado a oscuras?

Hacer generalizaciones

Cuando sacas una conclusión acerca de todo un grupo basado en la información de sólo algunos de sus miembros, aplicas una destreza llamada **hacer generalizaciones**. Para que las generalizaciones sean válidas, la muestra que escojas debe ser lo bastante grande y representativa de todo el grupo. Por ejemplo, puedes ejercer esta destreza en un puesto de frutas si ves un letrero que diga "Pruebe algunas uvas antes de comprar". Si tomas unas uvas dulces, concluyes que todas las uvas son dulces y compras un racimo grande.

> **ACTIVIDAD**
> Un equipo de científicos necesita determinar si es potable el agua de un embalse grande. ¿Cómo aprovecharían la destreza de hacer generalizaciones? ¿Qué deben hacer?

Formular juicios

Cuando evalúas algo para decidir si es bueno o malo, correcto o incorrecto, utilizas una destreza llamada **formular juicios**. Por ejemplo, formulas juicios cuando prefieres comer alimentos saludables o recoges la basura de un parque. Antes de formular el juicio, tienes que meditar en las ventajas y las desventajas de la situación y mostrar los valores y las normas que sostienes.

> **ACTIVIDAD**
> ¿Hay que exigir a niños y adolescentes que porten casco al ir en bicicleta? Explica las razones de tu opinión.

Resolver problemas

Cuando te vales de las destrezas de razonamiento crítico para resolver un asunto o decidir una acción, practicas una destreza llamada **resolver problemas**. Algunos problemas son sencillos, como la forma de convertir fracciones en decimales. Otros, como averiguar por qué dejó de funcionar tu computadora, son complicados. Algunos problemas complicados se resuelven con el método de ensayo y error —ensayas primero una solución; si no funciona, intentas otra—. Entre otras estrategias útiles para resolver problemas se encuentran hacer modelos y realizar una lluvia de ideas con un compañero en busca de soluciones posibles.

Organizar la información

A medida que lees este libro, ¿cómo puedes comprender toda la información que contiene? En esta página se muestran herramientas útiles para organizar la información. Se denominan *organizadores gráficos* porque te dan una imagen de los temas y de la relación entre los conceptos.

Redes de conceptos

Las redes de conceptos son herramientas útiles para organizar la información en temas generales. Comienzan con un tema general que se descompone en conceptos más concretos. De esta manera, se facilita la comprensión de las relaciones entre los conceptos.

Para trazar una red de conceptos, se anotan los términos (por lo regular sustantivos) dentro de óvalos y se conectan con palabras de enlace. El concepto más general se pone en la parte superior. Conforme se desciende, los términos son cada vez más específicos. Las palabras de enlace, que se escriben sobre una línea entre dos óvalos, describen las relaciones de los conceptos que unen. Si sigues hacia abajo cualquier encadenamiento de conceptos y palabras de enlace, suele ser fácil leer una oración.

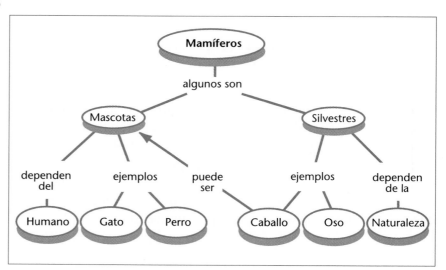

Algunas redes de conceptos comprenden nexos que vinculan un concepto de una rama con otro de una rama distinta. Estos nexos, llamados cruzados, muestran relaciones más complicadas entre conceptos.

Tablas para comparar y contrastar

Las tablas para comparar y contrastar son herramientas útiles para clasificar las semejanzas y las diferencias entre dos o más objetos o sucesos. Las tablas proporcionan un esquema organizado para realizar comparaciones de acuerdo con las características que identifiques.

Para crear una tabla para comparar y contrastar, anota los elementos que vas a comparar en la parte superior. Enseguida, haz en la columna izquierda una lista de las características que formarán la base de tus comparaciones. Para terminar tu tabla,

Característica	Béisbol	Baloncesto
Núm. de jugadores	9	5
Campo de juego	Diamante de béisbol	Cancha de baloncesto
Equipo	Bates, pelotas, manoplas	Canasta, pelota

asienta la información sobre cada característica, primero de un elemento y luego del siguiente.

Diagramas de Venn

Los diagramas de Venn son otra forma de mostrar las semejanzas y las diferencias entre elementos. Estos diagramas constan de dos o más círculos que se superponen parcialmente. Cada círculo representa un concepto o idea. Las características comunes, o semejanzas, se anotan en la parte superpuesta de ambos círculos. Las características únicas, o diferencias, se escriben en las partes de los círculos que no pertenecen a la zona de superposición.

Para trazar un diagrama de Venn, dibuja dos círculos superpuestos. Encabézalos con los nombres de los elementos que vas a comparar. En cada círculo, escribe las características únicas en

las partes que no se superponen. Luego, anota en el área superpuesta las características compartidas.

Diagramas de flujo

Los diagramas de flujo ayudan a entender el orden en que ciertos sucesos ocurren o deben ocurrir. Sirven para esbozar las etapas de un proceso o los pasos de un procedimiento.

Para hacer un diagrama de flujo, escribe en un recuadro una descripción breve de cada suceso. Anota el primero en la parte superior de la hoja, seguido por el segundo, el tercero, etc. Para terminar, dibuja una flecha que conecte cada suceso en el orden en que ocurren.

Preparación de pasta

Diagramas de ciclos

Los diagramas de ciclos muestran secuencias de acontecimientos continuas, o ciclos. Las secuencias continuas no tienen final, porque cuando termina el último suceso, el primero se repite. Como los diagramas de flujo, permiten entender el orden de los sucesos.

Para crear el diagrama de un ciclo, escribe en un recuadro una descripción breve de cada suceso. Coloca uno en la parte superior de la hoja, al centro. Luego, sobre un círculo imaginario y en el sentido de las manecillas del reloj, escribe cada suceso en la secuencia correcta. Dibuja flechas que conecten cada suceso con el siguiente, de modo que se forme un círculo continuo.

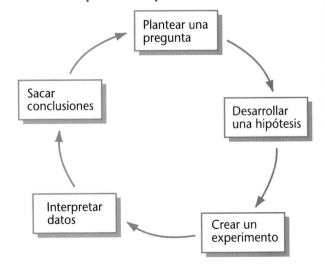

Etapas de los experimentos científicos

Crear tablas de datos y gráficas

¿Cómo se entiende el significado de los datos de los experimentos científicos? El primer paso es organizarlos para comprenderlos. Para ello, son útiles las tablas de datos y las gráficas.

Tablas de datos

Ya reuniste los materiales y preparaste el experimento. Pero antes de comenzar, necesitas planificar una forma de anotar lo que ocurre durante el experimento. En una tabla de datos puedes escribir tus observaciones y mediciones de manera ordenada.

Por ejemplo, digamos que un científico realizó un experimento para saber cuántas calorías queman sujetos de diversas masas corporales al realizar varias actividades. La tabla de datos muestra los resultados.

Observa en la tabla que la variable manipulada (la masa corporal) es el encabezado de una columna. La variable de respuesta (en el experimento 1, las calorías quemadas al andar en bicicleta) encabeza la siguiente columna. Las columnas siguientes se refieren a experimentos relacionados.

CALORÍAS QUEMADAS EN 30 MINUTOS DE ACTIVIDAD			
Masa corporal	Experimento 1 Ciclismo	Experimento 2 Béisbol	Experimento 3 Ver televisión
30 kg	60 calorías	120 calorías	21 calorías
40 kg	77 calorías	164 calorías	27 calorías
50 kg	95 calorías	206 calorías	33 calorías
60 kg	114 calorías	248 calorías	38 calorías

Gráficas de barras

Para comparar cuántas calorías se queman al realizar varias actividades, puedes trazar una gráfica de barras. Las gráficas de barras muestran los datos en varias categorías distintas. En este ejemplo, el ciclismo, el béisbol y ver televisión son las tres categorías. Para trazar una gráfica de barras, sigue estos pasos.

1. En papel cuadriculado, dibuja un eje horizontal, o eje de las *x*, y uno vertical, o de las *y*.
2. En el eje horizontal, escribe los nombres de las categorías que vas a graficar. Escribe también un nombre para todo el eje.
3. En el eje vertical anota el nombre de la variable de respuesta. Señala las unidades de medida. Para crear una escala, marca el espacio equivalente a los números de los datos que reuniste.
4. Dibuja una barra por cada categoría, usando el eje vertical para determinar la altura apropiada. Por ejemplo, en el caso del ciclismo, dibuja la barra hasta la altura de la marca 60 en el eje vertical. Haz todas las barras del mismo ancho y deja espacios iguales entre ellas.
5. Agrega un título que describa la gráfica.

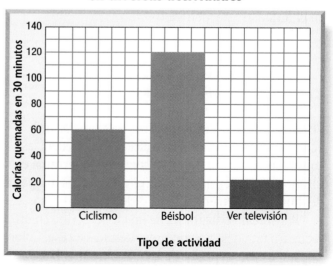

Calorías quemadas por una persona de 30 kilos en diversas actividades

Gráficas de líneas

Puedes trazar una gráfica de líneas para saber si hay una relación entre la masa corporal y la cantidad de calorías quemadas al andar en bicicleta. En estas gráficas, los datos muestran los cambios de una variable (la de respuesta) como resultado de los cambios de otra (la manipulada). Conviene trazar una gráfica de líneas cuando la variable manipulada es *continua*, es decir, cuando hay otros puntos entre los que estás poniendo a prueba. En este ejemplo, la masa corporal es una variable continua porque hay otros pesos entre los 30 y los 40 kilos (por ejemplo, 31 kilos). El tiempo es otro ejemplo de variable continua.

Las gráficas de líneas son herramientas poderosas, pues con ellas calculas las cifras de condiciones que no probaste en el experimento. Por ejemplo, con tu gráfica puedes estimar que una persona de 35 kilos quemaría 68 calorías al andar en bicicleta.

Para trazar una gráfica de líneas, sigue estos pasos.

1. En papel cuadriculado, dibuja un eje horizontal, o eje de las *x*, y uno vertical, o de las *y*.

2. En el eje horizontal, escribe el nombre de la variable manipulada. En el vertical, anota el nombre de la variable de respuesta y añade las unidades de medida.

3. Para crear una escala, marca el espacio equivalente a los números de los datos que reuniste.

4. Marca un punto por cada dato. En la gráfica de esta página, las líneas punteadas muestran cómo marcar el punto del primer dato (30 kilogramos y 60 calorías). En el eje horizontal, sobre la marca de los 30 kilos, proyecta una línea vertical imaginaria. Luego, dibuja una línea horizontal imaginaria que se proyecte del eje vertical en la marca de las 60 calorías. Pon el punto en el sitio donde se cruzan las dos líneas.

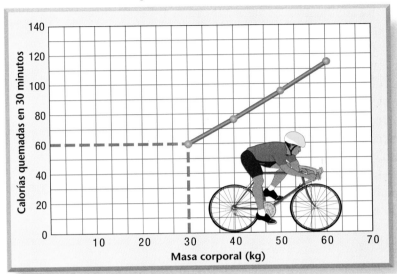

Efecto de la masa corporal en las calorías quemadas al practicar el ciclismo

5. Conecta los puntos con una línea continua. (En algunos casos, tal vez sea mejor trazar una línea que muestre la tendencia general de los puntos graficados. En tales casos, algunos de los puntos caerán arriba o abajo de la línea.)

6. Escribe un título que identifique las variables o la relación de la gráfica.

Traza gráficas de líneas con los datos de la tabla de los experimentos 2 y 3. **ACTIVIDAD**

Acabas de leer en el periódico que en la zona donde vives cayeron 4 centímetros lluvia en junio, 2.5 centímetros en julio y 1.5 centímetros en agosto. ¿Qué gráfica escogerías para mostrar estos datos? Traza tu gráfica en papel cuadriculado. **ACTIVIDAD**

Gráficas circulares

Como las gráficas de barras, las gráficas circulares sirven para mostrar los datos en varias categorías separadas. Sin embargo, a diferencia de las gráficas de barras, sólo se trazan cuando tienes los datos de *todas* las categorías que comprende tu tema. Las gráficas circulares se llaman a veces gráficas de pastel, porque parecen un pastel cortado en rebanadas. El pastel representa todo el tema y las rebanadas son las categorías. El tamaño de cada rebanada indica qué porcentaje tiene cada categoría del total.

La tabla de datos que sigue muestra los resultados de una encuesta en la que se pidió a 24 adolescentes que declararan su deporte favorito. Con esos datos, se trazó la gráfica circular de la derecha.

Deportes que prefieren los adolescentes

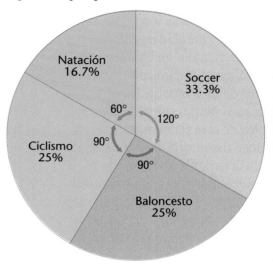

DEPORTES FAVORITOS	
Deporte	Número de estudiantes
Soccer	8
Baloncesto	6
Ciclismo	6
Natación	4

Para trazar una gráfica circular, sigue estos pasos.

1. Dibuja un círculo con un compás. Marca el centro con un punto. Luego, traza una línea del centro a la parte superior.
2. Para determinar el tamaño de cada "rebanada", establece una proporción en la que x sea igual al número de grados de la rebanada (NOTA: Los círculos tienen 360 grados). Por ejemplo, para calcular el número de grados de la rebanada del "soccer", plantea la relación siguiente:

$$\frac{\text{estudiantes que prefieren el soccer}}{\text{número total de estudiantes}} = \frac{x}{\text{número total de grados del círculo}}$$

$$\frac{8}{24} = \frac{x}{360}$$

Haz la multiplicación cruzada y resuelve x.

$$24x = 8 \times 360$$
$$x = 120$$

La rebanada de "soccer" tendrá 120 grados.

3. Mide con un transportador el ángulo de la primera rebanada. La línea de 0° es la que trazaste hasta la parte superior del círculo. Dibuja una línea que vaya del centro del círculo al extremo del ángulo que mediste.
4. Prosigue alrededor del círculo, midiendo cada rebanada con el transportador. Comienza en el borde de la rebanada anterior para que no se superpongan. Cuando termines, el círculo debe estar completo.
5. Determina el porcentaje del círculo que representa cada rebanada. Para ello, divide el número de grados de cada rebanada entre los grados del círculo (360) y multiplica por 100. En el caso de la rebanada del "soccer", calcula el porcentaje como sigue:

$$\frac{120}{360} \times 100\% = 33.3\%$$

6. Colorea cada rebanada. Escribe el nombre de la categoría y el porcentaje que representa.
7. Escribe el título de la gráfica circular.

> **ACTIVIDAD**
> En un salón de 28 estudiantes, 12 van a la escuela en autobús, 10 caminan y 6 van en bicicleta. Traza una gráfica circular para mostrar estos datos.

Seguridad en el laboratorio

Símbolos de seguridad

Estos símbolos te alertan de posibles daños en el laboratorio y te recuerdan que trabajes con cuidado.

Gafas de protección Usa siempre estas gafas para protegerte los ojos en cualquier actividad que requiera sustancias químicas, flamas o calor o bien la posibilidad de que se rompan cristales.

Delantal Ponte el delantal para proteger de daños tu piel y tu ropa.

Frágil Trabajas con materiales que se pueden romper, como recipientes de cristal, tubos de vidrio, termómetros o embudos. Maneja estos materiales con cuidado. No toques los vidrios rotos.

Guantes térmicos Ponte un guante de cocina o alguna otra protección para las manos cuando manipules materiales calientes. Las parrillas, el agua o los cristales calientes pueden causar quemaduras. No toques objetos calientes con las manos desnudas.

Caliente Toma los objetos de vidrio calientes con abrazaderas o tenazas. No toques objetos calientes con las manos desnudas.

Objeto filoso Las tijeras puntiagudas, los escalpelos, las navajas, las agujas, los alfileres y las tachuelas son filosos. Pueden cortar o pincharte la piel. Dirige siempre los bordes filosos lejos de ti y de los demás. Usa instrumentos afilados según las instrucciones.

Descarga eléctrica Evita la posibilidad de descargas eléctricas. Nunca uses equipo eléctrico cerca del agua ni cuando el equipo o tus manos estén húmedos. Verifica que los cables no estén enredados ni que puedan hacer que alguien tropiece. Desconecta el equipo cuando no esté en uso.

Corrosivo Trabajas con ácido u otra sustancia química corrosiva. No dejes que salpique en tu piel, ropa ni ojos. No inhales los vapores. Cuando termines la actividad, lávate las manos.

Veneno No permitas que ninguna sustancia química tenga contacto con la piel ni inhales los vapores. Cuando termines la actividad, lávate las manos.

Ten cuidado Cuando un experimento requiere actividad física, toma tus precauciones para que no te lastimes ni lesiones a los demás. Sigue las instrucciones del maestro. Avísale si hay alguna razón por la que no puedas participar en la actividad.

Precaución con los animales Trata con cuidado a los animales vivos para no hacerles daño ni que te lastimes. El trabajo con partes de animales o animales conservados también requiere cuidados. Cuando termines la actividad, lávate las manos.

Precaución con las plantas Maneja las plantas en el laboratorio o durante el trabajo de campo sólo como te lo indique el maestro. Avísale si eres alérgico a ciertas plantas que se van a usar en una actividad. No toques las plantas nocivas, como la hiedra, el roble o el zumaque venenosos ni las que tienen espinas. Cuando termines la actividad, lávate las manos.

Flamas Es posible que trabajes con flamas de mecheros, velas o cerillos. Anúdate por atrás el cabello y la ropa sueltos. Sigue las instrucciones de tu maestro sobre cómo encender y extinguir las flamas.

No flamas Es posible que haya materiales inflamables. Verifica que no haya flamas, chispas ni otras fuentes expuestas de calor.

Vapores Cuando haya vapores venenosos o desagradables, trabaja en una zona ventilada. No inhales los vapores directamente. Prueba los olores sólo cuando el maestro lo indique y efectúa un movimiento de empuje para dirigir el vapor hacia tu nariz.

Desechos Es preciso desechar en forma segura las sustancias químicas y los materiales de la actividad. Sigue las instrucciones de tu maestro.

Lavarse las manos Cuando termines la actividad, lávate muy bien las manos con jabón antibacteriano y agua caliente. Frota los dos lados de las manos y entre los dedos. Enjuaga por completo.

Normas generales de seguridad Es posible que veas este símbolo cuando ninguno de los anteriores aparece. En este caso, sigue las instrucciones concretas que te proporcionen. También puede ser que veas el símbolo cuando te pidan que establezcas tu propio procedimiento de laboratorio. Antes de proseguir, pide a tu maestro que apruebe tu plan.

Reglas de seguridad en ciencias

Para que estés preparado y trabajes con seguridad en el laboratorio, repasa las siguientes reglas de seguridad. Luego, vuélvelas a leer. Asegúrate de entenderlas y seguirlas todas. Pide a tu maestro que te explique las que no comprendas.

Normas de atuendo

1. Para evitar lesiones oculares, ponte las gafas de protección siempre que trabajes con sustancias químicas, mecheros, objetos de vidrio o cualquier cosa que pudiera entrar en los ojos. Si usas lentes de contacto, avísale a tu maestro o maestra.

2. Ponte un delantal o una bata cuando trabajes con sustancias corrosivas o que manchen.

3. Si tienes el cabello largo, anúdalo por atrás para alejarlo de sustancias químicas, flamas o equipo.

4. Quítate o anuda en la espalda cualquier prenda o adorno que cuelgue y que pueda entrar en contacto con sustancias químicas, flamas o equipo. Súbete o asegura las mangas largas.

5. Nunca lleves zapatos descubiertos ni sandalias.

Precauciones generales

6. Lee varias veces todas las instrucciones de los experimentos antes de comenzar la actividad. Sigue con cuidado todas las directrices escritas y orales. Si tienes dudas sobre alguna parte de un experimento, pide a tu maestro que te ayude.

7. Nunca realices actividades que no te hayan encargado o que no estén autorizadas por el maestro. Antes de "experimentar" por tu cuenta, pide permiso. Nunca manejes ningún equipo sin autorización explícita.

8. Nunca realices las actividades de laboratorio sin supervisión directa.

9. Nunca comas ni bebas en el laboratorio.

10. Conserva siempre limpias y ordenadas todas las áreas del laboratorio. Lleva al área de trabajo nada más que cuadernos, manuales o procedimientos escritos de laboratorio. Deja en la zona designada cualesquiera otros artículos, como bolsas y mochilas.

11. No juegues ni corretees.

Primeros auxilios

12. Informa siempre de todos los incidentes y lesiones a tu maestros no importa si son insignificantes. Notifica de inmediato sobre cualquier incendio.

13. Aprende qué debes hacer en caso de accidentes concretos, como que te salpique ácido en los ojos o la piel (enjuaga los ácidos con abundante agua).

14. Averigua la ubicación del botiquín de primeros auxilios, pero no lo utilices a menos que el maestro te lo ordene. En caso de una lesión, él deberá aplicar los primeros auxilios. También puede ser que te envíe por la enfermera de la escuela o a llamar a un médico.

15. Conoce la ubicación del equipo de emergencia, como el extintor y los artículos contra incendios y aprende a usarlos.

16. Conoce la ubicación del teléfono más cercano y a quién llamar en caso de emergencia.

Medidas de seguridad con fuego y fuentes de calor

17. Nunca uses ninguna fuente de calor, como velas, mecheros y parrillas, sin gafas de protección.

18. Nunca calientes nada a menos que te lo indiquen. Sustancias que frías son inofensivas, pueden volverse peligrosas calientes.

19. No acerques al fuego ningún material combustible. Nunca apliques una flama ni una chispa cerca de una sustancia química combustible.

20. Nunca pases las manos por las flamas.

21. Antes de usar los mecheros de laboratorio, verifica que conoces los procedimientos adecuados para encenderlos y graduarlos, según te enseñó tu maestro. Nunca los toques, pues pueden estar calientes, y nunca los descuides ni los dejes encendidos.

22. Las sustancias químicas pueden salpicar o salirse de tubos de ensayo calientes. Cuando calientes una sustancia en un tubo de ensayo, fíjate que la boca del tubo no apunte hacia alguien.

23. Nunca calientes líquidos en recipientes tapados. Los gases se expanden y pueden hacer estallar el recipiente.

24. Antes de tomar un recipiente que haya sido calentado, acércale la palma de la mano. Si sientes el calor en el dorso, el recipiente está demasiado caliente para asirlo. Usa un guante de cocina para levantarlo.

Uso seguro de sustancias químicas

25. Nunca mezcles sustancias químicas "por diversión". Puedes producir una mezcla peligrosa y quizás explosiva.

26. Nunca acerques la cara a un recipiente que contiene sustancias químicas. Nunca toques, pruebes ni aspires una sustancia a menos que lo indique el maestro. Muchas sustancias químicas son venenosas.

27. Emplea sólo las sustancias químicas que requiere la actividad. Lee y verifica dos veces las etiquetas de las botellas de suministro antes de vaciarlas. Toma sólo lo que necesites. Cuando no uses las sustancias, cierra los recipientes que las contienen.

28. Desecha las sustancias químicas según te instruya tu maestro. Para evitar contaminarlas, nunca las devuelvas a sus recipientes originales. Nunca te concretes a tirar por el fregadero o en la basura las sustancias químicas y de otra clase.

29. Presta atención especial cuando trabajes con ácidos y bases. Vierte las sustancias sobre el fregadero o un recipiente, nunca sobre tu superficie de trabajo.

30. Si las instrucciones son que huelas una sustancia, efectúa un movimiento giratorio con el recipiente para dirigir los vapores a tu nariz; no los inhales directamente.

31. Cuando mezcles un ácido con agua, vacía primero el agua al recipiente y luego agrega el ácido. Nunca pongas agua en un ácido.

32. Extrema los cuidados para no salpicar ningún material del laboratorio. Limpia inmediatamente todos los derrames y salpicaduras de sustancias químicas con mucha agua. Enjuaga de inmediato con agua todo ácido que caiga en tu piel o ropa y notifica enseguida a tu maestro de cualquier derrame de ácidos.

Uso seguro de objetos de vidrio

33. Nunca fuerces tubos ni termómetros de vidrio en topes de hule y tapones de corcho. Si lo requiere la actividad, pide a tu maestro que lo haga.

34. Si usas un mechero de laboratorio, coloca una malla de alambre para impedir que las flamas toquen los utensilios de vidrio. Nunca los calientes si el exterior no está completamente seco.

35. Recuerda que los utensilios de vidrio calientes parecen fríos. Nunca los tomes sin verificar primero si están calientes. Usa un guante de cocina. Repasa la regla 24.

36. Nunca uses objetos de vidrio rotos o astillados. Si algún utensilio de vidrio se rompe, díselo a tu maestra y deséchalo en el recipiente destinado a los vidrios rotos. Nunca tomes con las manos desnudas ningún vidrio roto.

37. Nunca comas ni bebas en un artículo de vidrio de laboratorio.

38. Limpia a fondo los objetos de vidrio antes de guardarlos.

Uso de instrumentos filosos

39. Maneja con mucho cuidado los escalpelos y demás instrumentos filosos. Nunca cortes el material hacia ti, sino en la dirección opuesta.

40. Si te cortas al trabajar en el laboratorio, avisa de inmediato a tu maestra o maestro.

Precauciones con animales y plantas

41. Nunca realices experimentos que causen dolor, incomodidad o daños a mamíferos, aves, reptiles, peces y anfibios. Esta regla se aplica tanto en la escuela como en casa.

42. Los animales se manipulan sólo si es absolutamente indispensable. Tu maestro te dará las instrucciones sobre cómo manejar las especies llevadas a la clase.

43. Si eres alérgico a ciertas plantas, mohos o animales, díselo a tu maestro antes de iniciar la actividad.

44. Durante el trabajo de campo, protégete con pantalones, mangas largas, calcetines y zapatos cerrados. Aprende a reconocer las plantas y los hongos venenosos de tu zona, así como las plantas con espinas, y no las toques.

45. Nunca comas parte alguna de plantas u hongos desconocidos.

46. Lávate bien las manos después de manipular animales o sus jaulas. Lávate también después de las actividades con partes de animales, plantas o tierra.

Reglas al terminar experimentos

47. Cuando termines un experimento, limpia tu área de trabajo y devuelve el equipo a su lugar.

48. Elimina materiales de desecho de acuerdo con las instrucciones de tu maestro.

49. Lávate las manos después de cualquier experimento.

50. Cuando no los uses, apaga siempre los quemadores y las parrillas. Desconecta las parrillas y los equipos eléctricos. Si usaste un mechero, ve que también esté cerrada la válvula de alimentación del gas.

Mapas de estrellas

El cielo de otoño

Para usar el mapa, sosténlo frente a ti y gíralo de modo que apuntes en la dirección que señala la parte inferior. El mapa está trazado para los 34° de latitud norte, pero sirve para otras fechas y latitudes de la zona continental de Estados Unidos. Funciona mejor con el siguiente horario: 10:00 p.m. del 1 de septiembre; 9:00 p.m. del 15 de septiembre; y 8:00 p.m. del 30 de septiembre.

HORIZONTE NORTE

HORIZONTE ESTE

HORIZONTE OESTE

HORIZONTE SUR

El cielo del invierno

Para usar el mapa, sosténlo frente a ti y gíralo de modo que apuntes en la dirección que señala la parte inferior. El mapa está trazado para los 34° de latitud norte, pero sirve para otros tiempos y latitudes de la zona continental de Estados Unidos. Funciona mejor con el siguiente horario 10:00 p.m. del 1 de diciembre; 9:00 p.m. del 15 de diciembre; y 8:00 p.m. del 30 de diciembre.

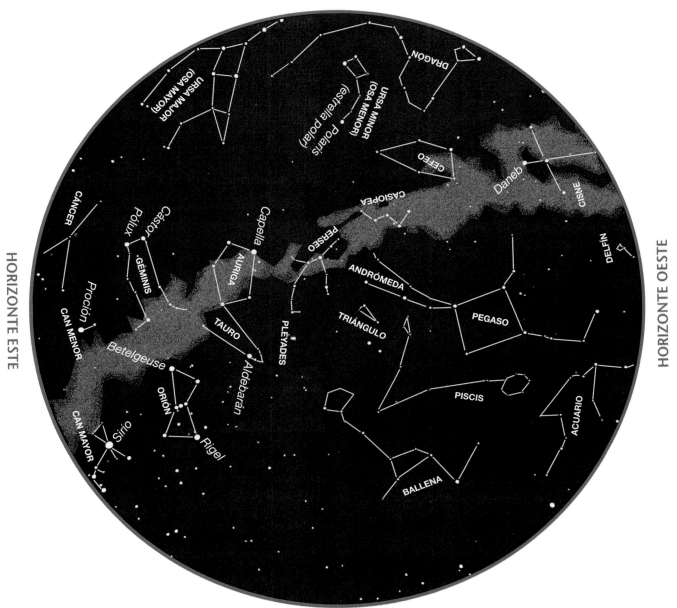

El cielo de primavera

Para usar el mapa, sosténlo frente a ti y gíralo de modo que apuntes en la dirección que señala la parte inferior. El mapa está trazado para los 34° de latitud norte, pero sirve para otras fechas y latitudes de la zona continental de Estados Unidos. Funciona mejor a las 10 p.m. del 1 de marzo; las 9:00 p.m. del 15 de marzo; y las 8:00 p.m. del 30 de marzo.

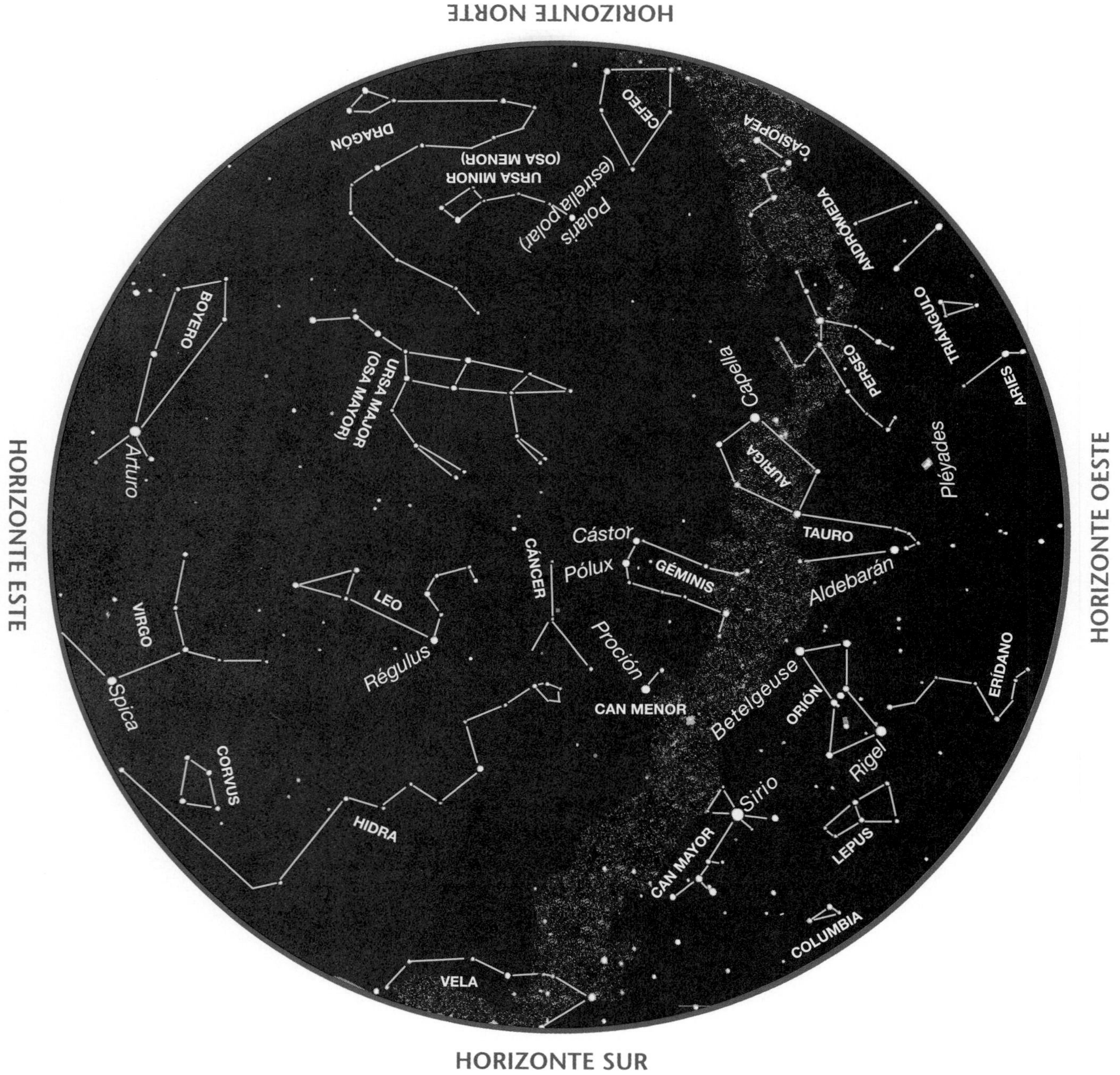

HORIZONTE NORTE

HORIZONTE ESTE

HORIZONTE OESTE

HORIZONTE SUR

El cielo de verano

Para usar el mapa, sosténlo frente a ti y gíralo de modo que apuntes en la dirección que señala de la parte inferior. El mapa está trazado para los 34° de latitud norte, pero sirve para otras fechas y latitudes de la zona continental de Estados Unidos. Funciona mejor con el siguiente horario: 10 p.m. del 1 de junio, 9:00 p.m. del 15 de junio; y 8:00 p.m. del 30 de junio.

HORIZONTE NORTE

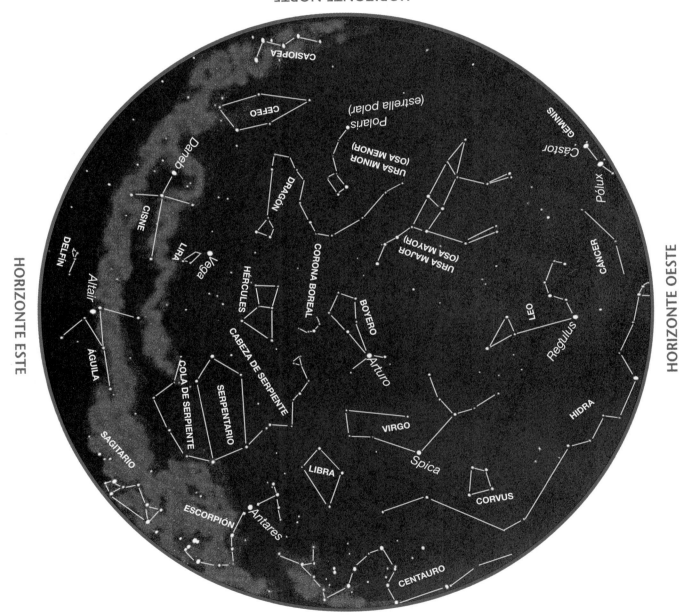

HORIZONTE ESTE

HORIZONTE OESTE

HORIZONTE SUR

Glosario

A

agujero negro Restos de una estrella extremadamente masiva atraídos a un volumen pequeño por la fuerza de gravedad. (pág. 115)

año luz Distancia que recorre la luz en un año. (pág. 104)

asteroides Objetos que giran alrededor del Sol, y que son demasiado pequeños para ser considerados planetas. (pág. 82)

astronomía Estudio de la Luna, las estrellas y otros objetos del espacio. (pág. 15)

B

big bang Explosión inicial de la cual resultaría la formación y expansión del universo. (pág. 122)

C

cinturón de asteroides Región del sistema solar, entre las órbitas de Júpiter y Marte, donde hay muchos asteroides. (pág. 82)

cometa Bola de hielo y polvo cuya órbita es una elipse larga y estrecha. (pág. 80)

constelación Patrón de estrellas en el cielo. (pág. 94)

corona Capa externa de la atmósfera del Sol. (pág. 57)

cráter Hueco redondo en la superficie lunar. (pág. 41)

cromosfera Capa intermedia de la atmósfera del Sol. (pág. 57)

D

definición operativa Afirmación que describe cómo puede medirse una variable en particular o cómo un término puede ser definido.

diagrama de Hertzprung-Russell Gráfica que relaciona la temperatura y brillo de una estrella. (pág. 108)

E

eclipse Bloque parcial o total de un objeto por otro. (pág. 27)

eclipse binario Sistema estelar en el cual una estrella periódicamente bloquea la luz. (pág. 117)

eclipse lunar Bloqueo de la luz del Sol hacia la Luna, que ocurre cuando la Tierra está directamente entre ellos. (pág. 29)

eclipse solar Bloqueo de la luz solar en su camino a la Tierra que se produce cuando la Luna se interpone entre el Sol y la Tierra. (pág. 28)

erupción solar Explosión de hidrógeno desde la superficie del Sol que ocurre cuando burbujas en la región de las manchas solares se unen de pronto. (pág. 60)

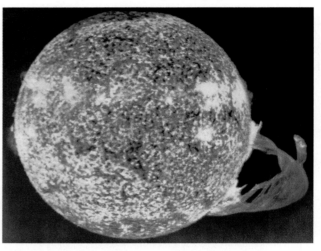

efecto invernadero Retención del calor por la atmósfera de un planeta. (pág. 66)

eje Línea imaginaria que atraviesa el centro de la Tierra y los polos Norte y Sur, y alrededor del cual gira nuestro planeta. (pág. 15)

elipse Círculo alargado, o de forma ovalada; forma de la órbita de los planetas. (pág. 53)

enana blanca Restos del núcleo caliente de una estrella después de que las capas externas se han expandido y fundido en el espacio. (pág. 114)

equinoccio Los dos días del año en que ambos hemisferios están inclinados hacia o lejos del Sol. (pág. 21)

equinoccio de otoño Día del año que señala el inicio del otoño en el hemisferio norte. (pág. 21)

equinoccio de primavera Día del año que indica el comienzo de la primavera en el hemisferio norte. (pág. 21)

erupción solar Explosión de hidrógeno desde la superficie del Sol que ocurre cuando burbujas en la región de las manchas solares se unen de pronto. (pág. 60)

espectro Rango o nivel de la longitud de las ondas electromagnéticas. (pág. 95)

espectrógrafo Instrumento que separa la luz en colores y fotografía el espectro resultante. (pág. 99)

estrella binaria Sistema compuesto de dos estrellas. (pág. 122)

estrella de neutrones Estrella pequeña que queda después de la explosión de una supernova. (pág. 114)

estrella gigante Estrella mucho más grande que el Sol (pág. 106)

experimento controlado Experimento en que todos los factores, excepto uno, se mantienen constantes. (pág. 139)

fase Cada una de las diferentes formas en que se ve la Luna desde la Tierra. (pág. 25)

fotosfera Capa interior de la atmósfera del Sol

fusión nuclear Proceso por el cual los átomos de hidrógeno se juntan para formar helio, liberando energía. (pág. 15)

galaxia Estructura gigante que contiene cientos de millones de estrellas.

galaxia elíptica Galaxia con forma de pelota aplastada. que contiene sólo estrellas. (pág. 120)

galaxia espiral Galaxia cuyos brazos se curvan hacia fuera como en un patrón de rehilete. (pág. 120)

galaxia irregular Galaxia que no tiene una forma regular. (pág. 120)

geocéntrico Descripción del sistema solar en el cual todos los planetas giran alrededor de la Tierra. (pág. 51)

gigantes gaseosos Nombre dado a los cuatro primeros cuatro planetas exteriores: Júpiter, Saturno, Urano y Neptuno. (pág. 70)

gravedad Fuerza de atracción entre dos objetos; su magnitud depende de la masa de los cuerpos y la distancia entre ellos. (pág. 32)

heliocéntrico Descripción del sistema solar en la cual los planetas giran alrededor del Sol. (pág. 52)

hipótesis Predicción sobre el resultado de un experimento. (pág. 139)

inercia Tendencia de un objeto en movimiento a continuar en línea recta o de un objeto en reposo a permanecer en su lugar. (pág. 58)

latitud Medida de la distancia a partir del ecuador, expresada en grados norte o sur. (pág. 20)

lente convexa Pieza curva de cristal transparente que por la mitad es más gruesa que por los bordes. (pág. 96)

longitud de onda Distancia entre la cresta de una onda y la cresta de la siguiente. (95)

luz visible Radiación electromagnética que se puede percibir a simple vista. (pág. 95)

mancha solar Área de gas oscura en el Sol que es más fría que los gases que la rodean. (pág. 58)

marea Alza y baja en el nivel del agua en el océano. (pág. 32)

marea muerta Marea con la mínima diferencia entre la marea alta y la marea baja. (pág. 33)

marea viva Marea con la mayor diferencia entre la marea baja y la marea alta. (pág. 33)

maria Región llana y oscura de la superficie lunar. (pág. 41)

meteorito Meteoroide que alcanza la superficie de terrestre. (pág. 83)

meteoro Rayo de luz en el cielo producto de un meteorito que se incendia en la atmósfera terrestre. (pág. 83)

meteoroide Pedazo de roca o polvo en el espacio. (pág. 83)

nebulosa Concentración enorme de gas y polvo, extendida en un inmenso volumen. (pág. 113)

núcleo Parte central del Sol, donde se produce la fusión nuclear. (pág. 56)

observatorio Edificio que alberga uno o más telescopios. (pág. 97)

órbita Recorrido de un objeto mientras gira alrededor de otro objeto en el espacio. (pág. 15)

órbita geosíncrona Órbita de un satélite que gira alrededor del planeta al mismo modo que la Tierra. (pág. 37)

paralaje Cambio aparente en la posición de un objeto cuando es visto de diferentes lugares. (pág. 104)

penumbra Parte de la sombra alrededor de la zona más oscura. (pág. 28)

planetas telúricos Nombre que se le da a los cuatro planetas interiores: Mercurio, Venus, Tierra y Marte. (pág. 62)

prominencia Burbuja de gas que alcanza la superficie del Sol, relacionada con las manchas solares. (pág. 57)

protoestrella Nube de gas y polvo condensada; primer estado de la vida de una estrella. (pág.113)

pulsar Estrella de neutrones que produce ondas de radio. (p112)

quasar Galaxia distante con un agujero negro en su centro. (pág. 116)

radiación electromagnética Energía que viaja a través del espacio en forma de ondas. (pág. 95)

radiotelescopio Aparato usado para detectar las ondas de radio procedentes de objetos en el espacio. (pág. 96)

rotación Movimiento circular de un planeta alrededor de su eje. (pág. 15)

rotación retrógrada Movimiento de rotación de un planeta de este a oeste, opuesto en dirección a la rotación de la mayoría de los planetas y lunas. (pág. 65)

satélite Cualquier objeto que gira alrededor de otro en el espacio.

secuencia principal Área en el diagrama de Hertzsprung-Russell que va desde la parte superior izquierda hacia la parte inferior derecha. (pág. 108)

solsticio Los dos días del año en que el Sol está directamente arriba a 23.5 grados sur y 23.5 grados norte. (pág. 20)

supernova Explosión de una estrella gigante o supergigante en extinción. (pág. 114)

telescopio Aparato construido para estudiar objetos distantes y que los presenta más cercanos. (pág. 41)

telescopio de reflexión Telescopio que usa uno o más espejos para captar la luz. (pág. 96)

telescopio de refracción Telescopio que usa lentes convexas para captar y fijar la luz. (pág. 96)

traslación Movimiento de un objeto alrededor de otro. (pág. 15)

umbra La parte más oscura de la sombra. (pág. 28)

universo Todo el espacio y lo que hay en él. (pág. 103)

variable factor que puede cambiarse en un experimento. (pág. 139)

variable de respuesta Factor que cambia conforme el resultado cambia al manejar una variable en un experimento. (pág. 139)

variable manipulada Uno de los factores que los científicos cambian durante un experimento. (pág. 139)

vida extraterrestre Vida que se desarrolla fuera de la Tierra. (pág. 84)

viento solar Flujo de partículas eléctricamente cargadas producido por la corona del Sol. (pág. 58)

Índice

Reconocimientos

Ilustración

John Edwards & Associates: 19, 25, 26, 28, 29, 33, 54–55, 63t, 71, 82, 106, 115, 118, 119, 122b, 123
Martucci Design: 61, 95b, 100, 112
Jared D. Lee: 104
Morgan Cain & Associates: 15, 18, 22, 27, 35, 36, 37, 47, 59, 63, 75, 81, 91, 101, 105, 109, 111, 122t, 132
Matt Mayerchak: 46, 126
Ortelius Design Inc.: 16, 17
J/B Woolsey Associates: 95t , 96

Fotografía

Investigación fotográfica Kerri Hoar, PoYee McKenna Oster
Imagen de portada NASA

Naturaleza de las ciencias
Page 8t, Digital Vision; **8b,** Jane Luu; **8b background,** David Jewitt and Jane Luu; **9tr,br,** Jet Propulsion Laboratory; **9mr,** Digital Vision; **10,** John Sanford/Astrostock Art Resource.

Capítulo 1
Páginas 12–13, NASA; **14t,** Russ Lappa; **14b,** Eric Lessing; **16t,** Corel Corp.; **16b,** Archive Photos; **17t,** Courtney Milne/Masterfile; **17b,** Hazel Hankin/Stock Boston; **20,** Palmer/Kane/TSI; **21,** Art Wolfe/TSI; **23,** Richard Haynes; **24t,** Richard Haynes; **24b,** Larry Landolfi/Photo Researchers; **26mr,** Jerry Lodriguss/Photo Researchers; **26tl, ml, bl, tm, bm, tr, br,** John Bova/Photo Researchers; **28, 29tr, 29br,** Jay M. Pasachoff; **31,** Richard Haynes; **both,** Nancy Dudley/Stock Boston; **34,** Jim Zipp/Photo Researchers; **35t,** Richard Haynes; **36–38,** NASA; **39t,** Richard Haynes; **39b,** NASA; **40t,** John Bova/Photo Researchers; **40b all,** Alastair G.W. Cameron/Harvard-Smithsonian Center for Astrophysics; **41tl,** NASA; **41br,** Jay M. Pasachoff; **42,** N. Armstrong/The Stock Market; **43,** TSI; **44–45,** NASA.

Capítulo 2
Páginas 48–49, NASA; **50t,** Russ Lappa; **50b,** Anglo-Australian Observatory, photograph by David Malin; **51–53b,** The Granger Collection, NY; **53t,** Richard Haynes; **57,** Digital Vision; **58,** National Solar Observatory; **58 inset, 60t,** Space Telescope Science Institute; **60b,** National Solar Observatory; **64r,** NASA; **64 inset,** A.S.P./Science Source/Photo Researchers; **65–66,** Digital Vision; **67,** NASA; **68,** Jet Propulsion Laboratory; **69 both,** NASA; **70,** TSI; **72 both,** NASA; **73, 74tr,** Jet Propulsion Laboratory; **74 inset,** Digital Vision; **74b, 75, 76 both, 77 both,** NASA; **78-80t,** Richard Haynes; **80b,** Space Telescope Science Institute; **82tr,** Jet Propulsion Laboratory; **83tl,** U. S. Geological Survey; **83tr,** Jerry Schad/Photo Researchers; **84,** Ghislaine Grozaz; **85,** James Pisarowicz; **86,** U. S. Geological Survey; **87,** NASA; **88–89,** Jet Propulsion Laboratory.

Capítulo 3
Páginas 92–93, David Nunuk/Science Photo Library/Photo Researchers; **94t,** Richard Haynes; **94b,** John Sanford/Science Photo Library/Photo Researchers; **96,** Russ Lappa; **97t,** Malin/Pasachoff/Caltech 1992; **97b,** NRAO/Science Photo Library/Photo Researchers; **98tl,** Yerkes Observatory; **98–99tr,** National Astronomy and Ionosphere Center; **98–99br,** John Sanford/Astrostock; **99tr,** NASA; **102,** Silver, Burdett & Ginn Publishing; **103t,** Richard Haynes; **103b,** Roger Harris/Science Photo Library/Photo Researchers; **106 inset,** UCO/Lick Observatory photo/image; **107,** Luke Dodd/Science Photo library/Photo Researchers; **108,** Anglo-Australian Observatory, photograph by David Malin; **112b,** Open University, UK; **113tr,** National Optical Astronomy Observatories; **113br,** Space Telescope Science Institute; **114, 116,** Photo Researchers; **117,** Dennis Di Cicco/Peter Arnold; **118 both,** Richard Haynes; **120t, 120m,** Anglo-Australian Observatory, photograph by David Malin; **120b,** Royal Observatory, Edinburgh/AATB/Science Photo Library/Photo Researchers; **121,** NASA; **124,** David Parker/Science Photo Library/Photo Researchers; **125,** Anglo-Australian Observatory, photograph by David Malin.

Exploración interdisciplinaria
Página 128t, Jet Propulsion Laboratory; **128b,** U. S. Geological Survey; **129r,** Valerie Ambroise; **129l,** Corbis-Bettmann; **130t,** Pat Rawlings/NASA; **130–131b,** Jet Propulsion Laboratory; **131tr, 131tl,** NASA; **132t,** U. S. Geological Survey; **132b,** NASA/Peter Arnold; **133,** Pat Rawlings/NASA.

Manual de destrezas
Página 134, Mike Moreland/Photo Network; **135t,** Foodpix; **135m,** Richard Haynes; **135b,** Russ Lappa; **138,** Richard Haynes; **140,** Ron Kimball; **141,** Renee Lynn/Photo Researchers.

Apéndice B
Páginas 150–153, Griffith Observer, Griffith Observatory, Los Angeles.

Versión en español

Editorial Compuvisión México